大是文化

開上財富的高速公路

五種職位能使你快速累積財富、先有很大一桶金，展開你的複利人生，長年賺取被動收入。

$100M Careers

一億美元職涯教練、綠色能源開發商 GMR 共同創辦人
艾美・索別斯基（Emmy Sobieski）——著
呂佩憶——譯

獻給我美麗的朋友們，你們每天都讓我的人生更豐富！

Albert、Alex、Alyssa、Anne、Bob、Brett、Bruce、Craig、Chris、Colin、Dale、Elle、Emilie、Greg、Jamie、Jayoo、Jason、Jessica、Jim、Katie、Kevin、Kimberly、Kristin、Linda、Robbie、Sam、Sheila、Shannon、Suzanne、Tom、Tommy、Trisha、Vince 和 Vincent。

目錄

第2章

你的人脈就是你的淨值

第3章

開上快車道的祕訣：借力使力

第6章

擁有一間「擁有公司的公司」——私募股權

人們總害怕錯過好東西／槓桿收購式微／私募股權，跟創投很像／不買上市公司股票，獲利從哪來？／這行只招募最頂尖的人才／這是個週期性產業，有時沒交易可做／喜歡這行嗎？像要跟它結婚一樣考慮它／能力夠強，公司直接創一個職位給你／九五％私募股權公司，只在超級面試日錄取新員工

183

第7章

老方法，新規則——避險基金

有些人說我是大師，但這個人才是真的大師／起源於不想曝險的有錢人／以前靠直覺，現在靠數學／投資的重點在風險調節／我在避險基金，一週工時八十小時起跳／你會和非常非常聰明的人一起工作／想賺大錢？我要成立自己的避險基金／如果不喜歡這行，你還有別的方向

221

第10章

高槓桿事業金字塔

高槓桿事業的五層金字塔／藉由金字塔，逐步向上攀升／你也可以辦得到

好評推薦

我是在加州大學聖地牙哥分校念書時認識艾美（Emmy）。她給我和其他學生的建議，引導我們以最輕鬆的方式達到事業顛峰，同時還做著符合我們性格的工作。她鼓勵我追求我對選擇權交易的熱情，從一開始擔任交易員，到自己成立公司「創世紀波動性」（Genesis Volatility），將嚴謹的選擇權分析運用在加密貨幣市場。這本書將帶給你她的建議和指導。

——加密貨幣期權分析公司創世紀波動性創辦人暨執行長／葛瑞格·馬加迪尼（Greg Magadini）

我認識艾美超過十年了，當時我們在歐本海默基金（OppenheimerFunds）共同管理一檔科技成長基金。她有一種與生俱來的能力，可以比其他人更早預見科技股的跌宕，而且她總是帶著熱情及無與倫比的工作倫理，追求所有目標。本書將帶給你艾美在金融業職涯方面的所有知識。

——投資管理公司景順（Invesco）資深投資組合經理人／艾許．夏阿（Ash Shah）

艾美是個活力四射的人，她會幫助周遭的所有人。我念大學時，艾美教我們如何進入輕鬆賺進高額財富的位置、畫出事業的路線圖、建立人脈，以便從不斷發展的金融生態系統中獲益。我們團體中的每個人，畢業後都在金融業有所成就。艾美幫助我打造策略和事業的方向，激勵我達到現在的地位。這本書也能幫助你。

——企業雲端服務公司莫頓（MOLTEN）營運長／山姆．洪（Sam Hong）

艾美是我認識最聰明的人。她以自己人生的經歷，幫助你實現目標。這本書充滿智慧、教導與溫暖。艾美無私分享她的故事，一定也能幫助你創造你的故事！

——思科系統（Cisco Systems）前資深副總，Arista、Zoom 及 SentinelOne 天使投資人／丹・夏曼（Dan Scheinman）

推薦序一

艾美的引領，讓我成功站穩華爾街

加德滿都資本首席投資官與創辦人、「文謙的投資筆記」ＦＢ粉專版主／Vincent Lo

二〇一三年，我與艾美相識於我們的母校加州大學聖地牙哥分校。因為從小跟著媽媽在臺灣跑號子（按：house的音譯，證券商營業處所），我內心充滿了對金融業與華爾街的憧憬。當時大三的我還是「小菜雞」，想了解像我們這種被華爾街放棄的非常春藤學校學生，該如何進入這個高門檻行業，因此我參加了學校每年最盛大的金融研討會。

當時是我第一次見到艾美，她的言行舉止散發強烈的自信與專業，我被她那一夫當關，萬夫莫敵的氣場震懾。她深入淺出的解析金融產業各種職涯發展，以及我們這種非常規學生的進場方法，從建立人脈、發冷郵件（按：Cold Email，指與對方關係不是特別熟，但想請他幫忙或讓他留下印象時寫的電子郵件），到面試穿著與問答、面試後感謝信如何撰寫才能深入人心等，都講得頭頭是道，讓人敬佩不已。短短四十五分鐘的講座讓我彷彿醍醐灌頂，這些方法使我受益匪淺，最終也幫助我突破重重難關，成功進入華爾街投資銀行的股票研究部門。

後來在學校的投資社團裡，我跟艾美有了更多交流。她當時主動擔任學生們的投資導師，每兩週與我和其他七名學生一起討論、研究股票。講臺上看似高高在上的她，私底下卻非常平易近人，總是很有耐心的指導我們該如何在兩分鐘內，講出所有投資的看點與要訣。

此外，艾美也不吝於與我們分享她工作上的故事。最讓我印象深刻的是，她在每週工作將近一百小時的情況下，還能聽完三、四家公司的財報，同時為奧運會資格賽備戰。艾美低調、謙虛，但她的故事總令人佩服。

短短幾個月，我的投資水平提升許多。每當我思考一個新的投資標的時，總會使用艾美的兩分鐘總結法，快速整理出我對一家企業的看法。**這讓我在華爾街的第一年就站穩腳步（我工作的團隊為全美績效前八%），也讓我日後得到為美國地產大亨管理兩百二十億美元家族基金的工作機會。**

有一年感恩節，艾美邀請我和她的家人一起慶祝。當時我還在追夢，處於失業狀態。她不僅鼓勵我，也指出我的問題：因為移民身分，我對自己的英語能力非常沒有自信，總害怕報告寫得不夠好，或口音會被面試官看不起。**艾美告訴我要有自信，也該為自己的移民背景感到驕傲，因為這能讓我的故事與眾不同。她鼓勵我跨出舒適圈、積極與人交流，在金融圈內創造出屬於自己的故事。**

在這相識的十年中，我從懵懵懂懂的門外漢，躍升為在美國白手起家的避險基金創辦人，二〇二四年我也將進入常春藤名校哥倫比亞大學（Columbia University）商學院，成為股神華倫・巴菲特（Warren Buffett）的學弟。艾美也從我的導師成為了我的好友及基金顧問。而在讀完本書後，我更加理解斜槓與槓桿（leverege）的重要性，並採取她在本書的見解，成為一家私募基金的董事。

我在艾美身上學到傳承與回饋的可貴，因此希望能將這本書介紹給更多人。我相信，你讀完這本書也會受益良多，**你會更相信自己、願意花時間投資自己，並利用你的事業與性格優勢，找到對的職位、快速累積財富，朝億萬美元身家邁進。**讓我們一起努力，把艾美無私的精神傳承下去。

推薦序二

善用一對多原則，創造高收入職涯

臺灣創速（Taiwan Accelerator）董事合夥人／胡碩勻

作者建議，在本書推薦的五種職位裡，你人生的職涯目標至少要有兩種以上。出版社邀請我為這本好書撰寫推薦序，正是因為在作者推薦的職位中，我已經擁有超過兩種。我是幾檔創業投資基金的管理合夥人，同時是多家公司的董監事，此外，我也是會計師事務所所長（相當於一般公司的總經理）。而這些職務如同作者所說，都有一個共同點：全都是以一對多。

作者建議我們要多借力使力、以小搏大、以一對多，其實都是同個原則：善用槓桿。這點我非常認同，並且也身體力行。我經常到處演講，分享我的知識與經驗；出版了幾本書，還經常接受電視、廣播媒體採訪，並長期為財經媒體撰寫專欄文章；此外，我也經常在自己的社群媒體上分享專業資訊。如此一來，我創造出專業的個人品牌，即能發揮更大的影響力。

另外，我所經營的創投公司尋找、蒐集案源的方式，是每年舉辦大型且特殊的新創競賽活動。我們曾在臺北一〇一辦過兩次電梯簡報大賽（Elevator Pitch）——你沒聽錯，真的就在全臺灣最高、最長的電梯裡進行新創簡報；近三年則舉辦了X-PITCH極限簡報大賽。我們每年都在思考創新的活動方式，例如：讓新創團隊在電動車或輕軌、捷運裡簡報，或是用元宇宙進行線上競賽等，二〇二三年則在新加坡的觀光船上舉辦。

每年，都有成千上萬的新創團隊報名，這也是**以一對多，我們不只能獲取最多新創公司的案源，同時也在一次活動中接觸到許多投資人**。這個活動能讓我快速獲取最新科技知識與未來趨勢，對此我總樂此不疲。

而關於本書作者提到的槓桿，我還想從另外一個角度來詮釋這個概念。我在財務報表分析的課程中，都會教到股東權益報酬率（ROE），這項財務比例的公式是「純益率×資產周轉率×權益乘數」，其中的權益乘數，是總資產除以股東權益——直白的說，就是股東以財務槓桿的模式賺錢。

一家企業的獲利競爭優勢，通常不外乎三種：第一種是品牌好、獲利高，以財務指標來說就是純益率或毛利率高；但若你的產品利潤沒有非常突出，則可以用另一種方式賺錢，也就是盡量提高公司經營效率，這在財務指標上稱為資產周轉率；如果你的產品服務利潤不高，企業經營效率也算普通，你就得用最後一招——以借力使力的財務槓桿操作。

在公司的資本結構中，股東出較少比例的錢，而向外融資的比例高（負債比例），就相當於以槓桿行為，為公司創造很大的營業規模及利潤。

你一定聽過古希臘物理學家阿基米德（Archimedes）的名言：「給我一個支點，我可以舉起整個地球。」不論是公司或個人，善用槓桿（借力使力）都能創造出好成果。

代序

認識作者後，我才懂什麼是以小搏大

Competitive Storytelling 創辦人／羅比．可拉布特里（Robbie Crabtree）

真不敢相信我聽到了什麼。

我剛才花了五分鐘的時間，告訴這位我非常敬重的人，關於我的「大」願景。我很自豪，說完後，甚至露出洋洋得意的笑容。我以為她會以此為榮。

過去一週我一直在想這件事，逼著自己釐清我想要的未來。如果有人能幫助我思考並創造未來，那個人非艾美莫屬。結果，她的反應完全出乎預料。我說完後，艾美停頓了幾秒才開口。

「羅比，為什麼你的眼界這麼小？」

這句話讓我明白，我還有很多東西要學。接下來的四個小時，我們談了許多事，**有一個詞一再出現：以小搏大**（leverage）。我們深入討論如何以不同的方式，創造以小搏大的利基。就像西洋棋特級大師能同時下十盤棋一樣，艾美毫不費力的悠遊於每一個情境中。不同的情境可能獨立存在，可能互相重疊，還有對我來說最合理、最想要實現的情境。

如果你看過電影《社群網戰》（*The Social Network*），那種感覺就像馬克・祖克柏（Mark Zuckerberg，臉書〔Facebook〕創辦人）遇見西恩・帕克（Sean Parker，臉書首任總裁）那一幕。一百萬才不夠看，你知道怎樣才夠看嗎？十億美元。

這就是我和艾美聊的其中一個話題。它改變了我的觀點，讓我在事業不斷進展時，走上更具影響力的道路。

現在，當我想到艾美時，我就會想到「以小搏大」這個詞。她改變了我的腦袋分析決策的方式，而她的聲音就在我的腦袋裡迴盪：你要想著「以小搏大」。

我們有時會開玩笑聊到那次的談話，站在現在、回首過去，才能發現我當時的格局的確太小了。有句諺語說，**你是你最常相處的五個人的平均值**，而我很幸運，艾美就是那五個人其中之一。

剛認識艾美時，我對她的成就一無所悉。但我感覺得出來，她有點特別。因為艾美過著非常不凡的生活，她有很多的經驗和智慧可以分享，簡直是精采的電影素材。她結交業界重要人士、看著同事因為違反法規而坐牢，而她在華爾街的成就令我驚嘆不已。

大部分的人擁有這樣的成就後，會變得傲慢，但艾美從來沒有。她會慷慨的給予，而且非常謙遜。她不會動不動就說自己認識什麼名人，但她的故事裡都有知名人士，因為這就是她的生活。艾美的生活只有少數人才有機會體驗，而她會分享其中學到的事。這些故事讓人很難相信，但都是真的。

艾美不像許多人會扭曲真相，讓自己看起來好像很重要，她從不捏造故事。而誇張的是，我還是不知道艾美怎麼做到這麼多成就。我總是開玩笑說，她一定是有《哈利波特：阿茲卡班的逃犯》（*Harry Potter and the Prisoner of Azkaban*）裡，妙麗（Hermione）使用的時光器（按：《哈利波特》故事中，設定可用於短暫時光旅行的道具）。

當我在生活中遇到問題時，我會去找艾美。而當艾美告訴我應該怎麼做，我就會想辦法辦到。

她有一次告訴我，我應該去佛羅里達州威靈頓市，和她的一個朋友吃晚餐，這個人是金融界的重要人物。我不需要問為什麼，因為我知道她想的是未來能借助對方力量的機會。而那的確是我人生最重要的晚餐之一。

那次晚餐帶來的機會，在我人生中造成很大的影響。

艾美認為最重要的事，就是和傑出人士保持深度且有意義的關係，這是人生中借力使力最好的方式。當艾美告訴我該研究某間公司，因為這是很棒的投資機會時，我就會放下一切去鑽研。她是少數能看到大局的人，掌握一切與科技和金融有關事物的脈動。

我到現在還是不知道這一切是怎麼辦到的，但是，沒有人比艾美·索別斯基更適合寫一本如何創造巨額財富的書。她引導我下最重大的決定，以及幫助我做出合適的規畫。她對自己的工作充滿熱忱，但更熱愛幫助別人搶占先機。

我至今仍記得她告訴我，**她的三個學員都在三十歲前，利用她教的原則賺取八位數或九位數的收入**。她以他們為榮，而且她想接觸到更多人，想要讓更多人能像那三位學員一樣成功。

我原本是辯護律師，後來轉型為新創公司創辦人。我想要得到艾美學員取得的成就。我想要成功、過我想要的生活，並且想要創造影響力及巨大財富。而艾美也希望我得到這一切。在那次「大願景」的對話時，她讓我看到超越我所能想像的可能性，而當時我告訴她一個瘋狂的想法。

「艾美，妳該寫一本書。」

後來，就有了這本書。我沒想到我能為艾美寫這段序，因為她大可以請知名人士幫她寫序。不論是《紐約時報》（*The New York Times*）暢銷書作家或知名億萬富豪，應該都不成問題。

她卻請我寫序。艾美用她的真知灼見引導著我，她知道我會有怎樣的未來。我們一週會談話很多次，看見機會降臨總讓我興奮不已。而這些機會，全都可以追溯到我們第一次討論以小搏大的那次談話。

艾美和我分享的事，改變了我的人生。我感激她所做的一切。如果你讀了這本書，請遵循她的建議，我相信你也會感激她。

歡迎來到以小搏大、創造巨額財富的世界。

| 第 1 章 |

開上財富的高速公路

「我要賺很多錢，而且現在就要。」

我坐在共享辦公室WeWork裡，而客戶提姆（Tim）就坐在我面前。他今年三十五歲，急著想要建立起人生後半段的事業。當他和我分享他的夢想時，眼睛都亮了起來。

而我的任務就是戳破他的美夢。「你要怎麼辦到，提姆？」

他停頓了一下，有點不確定的開口：「我要訓練這些創辦人，幫助他們把工作做得更好。這樣一來，當我需要人脈時，就能請他們幫我介紹我需要認識的人。」

而我說：「不，人脈無法幫助你的目標，只會讓你持續訓練更多企業創辦人，你會『逐漸』賺到更多錢。但這樣並不能賺大錢。」

「但這是我最好的主意，」他看來有點洩氣：「那該怎麼辦？」

「你要用聰明的方式工作，」我告訴他：「想清楚你想要為哪一間新創公司工作，管理他們的損益收支。接著進入董事會、拿到股份，再被邀請進入更多公司的董事會。」

「只要選一間公司就好？」

「要選好的公司，你現在可以評估所有的企業。你的目標是參與並持有獨角獸企業（按：Unicorn，指成立不到十年但估值十億美元以上，又未在股票市場上市的科技創業公司）的股份，之後就可以靠別人為你賺錢，因為你會在很多間公司擔任董事，並打造自己的創投基金。真正有意思的事情這時才會開始。」

我的工作是戳破別人的美夢，讓他們看到真實且常被忽略的機會。建立起很棒的事業下半場，不需要靠著一步一腳印。想要成功，就要及早且經常借力使力、以小搏大，將時間和財務效益放到最大，並準備好獲得龐大的成就。

錢在哪裡，你就去那裡。錢就在華爾街、矽谷（Silicon Valley）、Web3（按：第三代網際網路，泛指以區塊鏈技術為基礎的去中心化網路，其應用包含加密貨幣、非同質化代幣〔NFT〕、去中心化自治組織〔DAO〕等），或娛樂產業！通往財富的道路有很多——許多人都知道，但只有其中少數人會走上那些道路。

我將在本書中告訴你，就算不是名校畢業生也能賺大錢的方法，即使你已經進入事業的下半場也一樣。**重點不是對的開始，而是馬上開始，並採取聰明的行動，**這樣就能獲得成功。

本書不是寫給二十幾歲，想在生活與工作之間取得平衡的人；也不是寫給那些還在追逐夢想，學習這世界如何運作的人；不是寫給想要平穩安定的生活、有兩個孩子、住在有白色圍籬的房子裡、一週不用工作超過四十小時的人。我的書不是寫給這些人讀的。

事實是，你必須很努力才能賺到很多錢，工作動力就像入場費。如果你想要賺很多錢，卻沒有動力工作，就必須重新調整自己的事業以獲得動力。因為不努力、長時間工作，你就賺不到想要的錢。

這本書是寫給二十多歲、三十多歲，願意努力工作、不想要只有一小部分賺錢潛力的人；寫給努力工作，準備好進入輕鬆賺取財富的位置，並開始賺錢的人；寫給願意承擔責任的人。差別在哪裡？差別在於是擔任新創公司業務，還是在沃爾瑪（按：Walmart，美國跨國零售企業，全球最大的零售商）工作。雖然前者比較不安全，但你會有比較多機會。

當你拿起這本書，你就已經領先別人、走得比別人還遠，遠遠超過那些已經接受賺比較少錢的朋友了。你正在進入事業的下半場，而且投入工作的時間比任何人都還要多。你已經表現出你願意長時間工作——也許一週工作八十小時，甚至是一百小時。你不介意工時長，但想要得到一些成績，想看到努力得來的果實（或是黃金）。

也許你還沒看到果實，還沒有賺到大錢。這讓你感覺好像沒有人願意給你出路。你工作忙得像隻狗，卻沒有過得比那些已經放棄追逐夢想的朋友還要好。你四處張望，接著問自己：「我接下來二十年的人生還是會這樣嗎？出賣時間，慢慢領到比較高的薪水？」

你很沮喪，很想要花錢讓自己感覺好一點——買好車、買更好的房子。但是，這並沒有幫助，這麼做只會讓你彷彿站在跑步機上，不論目前工作有多光彩，你都還是要依賴某家公司給你越來越高的薪水。你覺得人生卡在原地。明明一直在準備，事業卻從來沒有起飛。你覺得累了，想要有人告訴你如何獲得勝利。

如果這就是你，我有個好消息。你只要加入董事會就可以賺到一千萬，或是四千萬美元（按：約新臺幣十二億四千八百萬元。本書美元兑新臺幣之匯率若無特別標註，皆以中央銀行於二〇二三年七月公告之均價三十一．二〇三元為準），只要早一點加入獨角獸公司，甚至能賺到五千萬美元。當你爭取到對的機會，賺到的錢就會和付出的時間不成比例——我指的是一週僅工作四小時。**本書要介紹給你的，不是被動收入**（passive income）**這一條路，而是許多條通往龐大財富的道路。**

如果你在二十多歲、三十多歲時做的事，只是賺更多錢、花更多錢，這是原地踏步。但除此之外，你還有別的選擇。**當你在對的地方、做對的工作，你的選擇就會呈現爆炸性的成長**。這是完全不同層級的財富。工作十年後，你已經進入輕鬆賺取高額財富的位置。五十幾歲時，你可以選擇花更多時間工作以賺更多錢，或是減少工作時間，但還是能賺到很多錢。

如果你想要這麼做，就要知道自己該把精力花在哪裡，知道哪些機會能為你投入的時間帶來最大的報酬，我要教你的就是這些。

所以，請繫好安全帶，我們上路吧。

我是誰，為什麼你要聽我的？

我以前管理的尼可拉斯艾波蓋特全球科技基金（Nicholas Applegate Global Technology Fund），在一九九九年上漲四九五%，一年內我就為我的老闆賺進兩千四百萬美元。這是**當時排名全球第一的基金**。消費者新聞與商業頻道（Consumer News and Business Channel，縮寫為CNBC）、《華爾街日報》（*The Wall Street Journal*）和《巴倫週刊》（*Barron's*）都曾發表我的專題報導。我辛苦工作多年，在那一刻總算可以享受短暫的知名度。

當時我有兩個選擇。第一個選擇，我可以在二〇〇〇年代初期社群媒體／網路剛開始發展時，進入當時股票還很便宜的大型新創公司，例如谷歌（Google）、亞馬遜（Amazon）和臉書，繼續我的大好前程，我可以在這些公司做財務或業務工作。或是第二個選擇，成立一檔避險基金，當時矽谷的科技公司股票價值，比他們手中有的現金還要低。

而我怎麼做？

我的選擇是：繼續擔任分析師，以時間換取金錢。當時我才剛為公司賺了兩千四百萬美元，簡直就是一部會賺錢的機器，一個炙手可熱的商品。但我沒看到大局，因此，我只有對老闆要求對當時的我來說「公平」的加薪：一萬五千美元。

而老闆拒絕了。他認為我不值得加薪一萬五千美元，只肯加薪一萬美元。所以，我辭去工作。他為了省五千美元，失去為他賺進兩千四百萬美元的頂尖員工。

我離開那份工作後，到了某個避險基金工作，仍然是在拿時間換取金錢，只不過這間公司給的錢比較多（是我前一年收入的二十倍）。但我還是掉進以時間換取金錢的陷阱裡——因為缺乏自信。在避險基金工作後，我的資歷又更好了：全球排名第一的基金及全球排名第一避險基金的工作經驗。我得到第二次機會了！該自己創立避險基金，但我做到了嗎？沒有。

當矽谷頂尖的公司亞馬遜、谷歌、臉書和蘋果（Apple Inc.）的股價評價正從谷底起飛時，我沒有參與到接下來二十年的榮景。我沒有成立自己的避險基金，也沒有加入任何一間公司的董事會。

而我的朋友們做了那些我沒做的事。看著他們晉升，但我遠遠被拋在後頭，學到了痛苦的教訓。我沒有退一步，並問自己：該如何利用這個時機，讓我的努力得到最大報酬？

相反的，我不知道該怎麼做，就只是繼續做當時正在做的事——當個分析師。我沒有停下來觀察，並發現有些工作的報酬是我當下的十倍、百倍以上，而且付出的時間一樣多（甚至更少），例如公司的董事。

不過，這個故事有個快樂的結局。後來，我總算進入財富高速公路的上坡道。**現在我是天使投資人，同時擔任一間新創公司的營運長**。我熱愛現在的工作，而且很有成就感。我已經做好讓財富大幅增加的準備了，就等先前的努力開花結果。我每天早上醒來都很期待接下來要做的事。

我喜歡告訴人們該如何及何時結束原地踏步，開始快速前進。這就是為什麼我現在要告訴你，如何找出這些錯過的機會！

我想告訴你很多事，例如要怎麼知道何時該掌控情勢、選擇一條高附加價值的路，以及如果你希望付出的努力能帶來財務上和個人的成功，你需要知道的十幾件事。如果你知道如何找到這些時機，就有成功的機會。

我知道你很忙，沒有時間可以浪費。但是，不論你有多忙，都請花一點時間讀完這本書。也許你現在一週工作八十小時，還得額外犧牲五個小時來讀這本書。但是，這麼做不是為了我，而是因為你在乎自己，所以願意花五個小時來做可以將你的財富提升十倍、百倍的事。

只要五個小時就可以改變一生，你可以賭一把。

億萬富豪彼得．提爾（Peter Thiel）曾說，他真希望自己沒有選擇按部就班的晉升路徑，跳過在法律和投資銀行界以時間換取金錢的那些年。

當初，他認為自己必須按部就班。一九八九年自史丹佛大學畢業後，他又念了史丹佛法學院，在蘇利文與克倫威爾律師事務所（Sullivan & Cromwell LLP）擔任兩年的證券律師，接著又花了兩年在瑞士信貸（Credit Suisse）擔任投資銀行員。

在提爾大學畢業九年後，一九九八年時他創辦了線上支付公司PayPal。你可能會想：就算是這樣，也不過是九年而已。對吧？

企業家馬克．安德里森（Marc Andreessen）畢業於一九九三年，比提爾晚了整整四年，他創辦了電腦服務公司網景（按：Netscape，目前已倒閉，其開發的同名網頁瀏覽器曾於一九九〇年代達到市占率九〇％），並在一九九五年八月為這個世上第一個網路瀏覽器公司首次發行新股，當時他大學畢業才兩年半而已。提爾說，真希望他當年直接跳到開始賺大錢的時候，就像安德里森一樣。

現在，提爾是全球首富之一，而他成立了一個基金會，鼓勵年輕的創業家從大學休學、開始創業。想一想，如果他沒有浪費九年在企業界打滾，現在會有什麼樣的成就。你可以走他發現的捷徑，並實現和他一樣的成就。

我就是這樣告訴我的學員。

二十三歲薪水加一倍，三十歲進富比士菁英榜

我每年都會在加州大學聖地牙哥分校（University of California San Diego）的

大學投資社團演講，而我就是透過社團認識琳達・謝（Linda Xie）。她畢業後，我們仍保持聯絡。

琳達畢業後在美國國際集團（American International Group，縮寫為ＡＩＧ）工作。工作十八個月後，美林證券（Merrill Lynch）就以她當時薪水兩倍的薪資挖角她。她問我該不該接受，而我要她拒絕這份工作：「每間公司都要待滿三年。否則未來好公司不會僱用妳，因為他們擔心妳不久後就會離開。」

因此，她沒有離開美國國際集團，而是問公司願不願意給她相同的薪資。公司同意，她的薪資增加了一倍，而她也在那裡待了整整三年兩個月。接著，她就加入Coinbase（按：美國加密貨幣交易所，二〇二一年時在那斯達克交易所上市，為全美首家上市的加密貨幣公司），成為該公司最早的員工之一，並待了三年一個月。

她二十七歲時，共同創辦了加密基金Scalar Capital（按：二〇二三年九月十八日，Scalar Capital宣布不再部署新資本）。

在琳達三十歲生日前，她已經實現了大部分的人希望在五十歲時能達到的目標。從大企業到獨角獸，再到避險基金，她登上《富比士》（*Forbes*）雜誌「三十位三十歲以下菁英榜」（30 under 30）。就算以最嚴格的標準來衡量，她也是非常成功的人，可以和現代史上最受敬重的投資人一起工作。

藍領工人之子，重新打造全球經濟

艾迪．史密斯（Eddy Smith）的父母都沒有大學學歷，他們教他在理財時要精明一點。我在艾迪大學一年級時與他相識，他當時告訴我：「我本來應該要念常春藤盟校。」他原本因美式足球而錄取耶魯大學（Yale University），但膝蓋受傷使他失去了獎學金的資格。真是可惜，但這變成他人生中最棒的事情之一。

他說感覺自己被困在加州大學聖地牙哥分校。我對他說：「你才大一，現在就覺得有志難伸未免也太早了。」後來，他申請另一所常春藤盟校，大二時進入達特茅斯學院（Dartmouth College）就讀。接下來幾年，他所投入的熱情與時間，比任何直接進入常春藤盟校的人還要多。

他在加州大學聖地牙哥分校時，我教他如何選股。他當時不知道自己要做什麼：「我想分散風險，所以我應該做管理顧問，因為管理顧問的工作機會比華爾街還要多，而且我是藍領階級出身的。」但我叫他別這麼做，他既聰明又有才能，應該直接進華爾街才對。

他開始在達特茅斯學院推薦股票，學院就將學生的投資組合交給他管理。雖然艾迪只有大學學歷，但他比大多數擁有企業管理碩士（Master of Business Administration，縮寫為MBA）學歷的面試者獲得了更多機會。

他的工作時間很長，晉升得很快，但他仍選擇花時間暫停一下、退一步，並客觀審視自己的處境：我大三時就已經有實習經驗了，畢業後我就要在那裡做全職工作，要如何讓自己獲得最多的機會？

那一年是二〇一五年。他實習的銀行收購了一間造成金融危機而倒閉的金融機構。艾迪就是在負責處理大部分危機的部門裡實習。

他在達特茅斯學院的最後一年並沒有混日子，而是決定要研究金融史，建立起金融史觀。當艾迪回到那間銀行做全職工作時，協助重建了當初造成金融危機的那個部門。他工作的頭兩年並不像一般人，只是把資料輸入到試算表，而是成為證券化專家，負責創造新類型的證券——這是許多人入行後五、六年都還無法做的事。

而他最重要的客戶、前五大私募基金公司挖角他。現在，他在公司的地位很高、領著高薪，但只有二十幾歲。

不過，我是怎麼認識琳達和艾迪的？這就跟我接下來要介紹的葛瑞格・馬加迪尼有關。

除了拿到學位，讀大學更重要的事

二〇一五年，我在加州大學聖地牙哥分校的大學部投資社團演講後，出席會後雞尾酒會。學生和教授都在場互動、閒聊、交換熱情和心得。

一位聰明的學生走向我。「妳好，我是葛瑞格。我很喜歡妳的背景，想請教妳對於我操作日圓的看法。」我們談到市場操作和股票，聊得很開心。結束時我對他說：「如果你想要更正式的談話，就找一些人組織學生投資社團。我們可以一起選股，我可以和你們一個月碰面兩次。」

於是，這個社團就這樣開始了。艾迪就在那裡遇見葛瑞格。琳達則是在學校的會計課上認識葛瑞格，他們一起合作專題，寫一篇有關比特幣的報告。

你以為大學只是每天開派對、隨便就能拿學位的地方嗎？注意了！**你在大學時，可能會認識讓你將來變成富豪的人。**

葛瑞格為一間名叫查普交易（Chopper Trading）的公債交易公司工作，後來查普交易被DRW收購，DRW贏得政府拍賣的沒收比特幣。他們把這些比特幣賣給員工：「想要用超低折扣價買比特幣嗎？」而葛瑞格買了。

不久後，琳達在Coinbase工作。她告訴葛瑞格自己正在投資很有趣的加密貨幣。「以太坊（Ethereum）首次發行新幣，但是沒什麼人注意，現在的價值仍被低估。」她這樣告訴很多加州大學聖地牙哥分校的朋友。

葛瑞格以不到一美分的價格，買了價值超過三萬美元的以太幣，這一筆交易讓他在二十九歲就退休。現在他做著另一份高薪的工作，擔任創世紀波動性的執行長，打造自己的公司，讓財富更上一層樓。

走平面道路，還是高速公路？

我想用類似我給琳達、艾迪和葛瑞格的建議來引導你，你就能和他們一樣領先同儕三十年。他們只是我指導過的其中三個學員，而我還有很多成功的故事，可以寫滿一整本書。

這本書不是關於我或我的學員，而是關於你。不論你是否正在念大學，他們的成功也可以是你的成功。就算你和我一樣，錯過了人生的第一個財富高速公路匝道也沒關係。不論你何時開始，只要你願意花費心力，我可以讓你知道如何成功。

想像一下：你可以選擇走高速公路或是平面道路，這兩條路線平行，都可以到達同一個地方，但平面道路要花五倍的時間，因為有紅燈且速限較慢。

平面道路就像是在出賣你的時間，以換取金錢；輕鬆賺取高薪的事業，則是高速公路的快車道。

你的職業生涯中，一定會有進入財富高速公路的匝道；就算沒看到，它還是存在。而我會教你抬頭、看路標。否則，你抬起頭只會看到這件事：做更多工作才能賺更多錢。你會沒有時間做輕鬆賺取高薪的工作，永遠被困在平面道路上。

不要陷入為工作出賣你人生寶貴時間的窘境。讓我告訴你如何擺脫限制，看見自己的價值。

我們都有獨特的一面：我們所創造的價值，還有時間，這兩者才是你應該向外推銷的組合方案，而不要只是單純出賣你的時間。在任何組織中，你不是瓶頸就是催化劑，而你要做的是：當他們的催化劑，幫他們突破瓶頸。

別再以時間換取金錢，而是開始銷售只有你才能提供的方案。

最後，本書並非保留給坐擁金山銀山的特權人士。你可以是各行各業的人，就像我的學員，他們來自各種不同的背景：藍領階級、移民、不會說英語的人、轉學生、社區大學畢業生，甚至是前業餘拳擊手。你不需要是有錢人，但必須努力工作，或在大學用功讀書。只要你跟著錢的方向走，我的方法就會有用。

我在本章開頭提到的提姆，原本是個訴訟案律師，出賣時間以換取金錢。在新冠肺炎疫情期間，法院都關閉了，他就完全沒有收入。當時他壓力很大，但現在他正在輕鬆工作換取高薪的路上，收入遠遠超過付出的時間，且身價高達數百萬——只花了幾年的時間，而不是漫長的幾十年。

我必須強調：**這件事任何人都可以辦得到，但不是每個人都願意這麼做**。如果你想要很多錢，而且願意花很多時間（你在讀這本書之前早就這麼做了），你就辦得到。你必須願意工作，但如果你時時刻刻都在工作，我會提醒你也要在重要的時候暫停、觀察一下四周。

我不是要說服你從一週工作四十小時，增加到八十小時。**這本書的目的在幫助一週工作八十小時的人，選擇一個能讓他賺進原本收入十倍、甚至一百倍的工作。**

剛才提到的三個學員都接受了我的建議。他們工作最初的十年，每週都工作八十至一百小時。因為選擇的是自己有熱情的產業，所以工時長對他們來說並不困難。他們從以前到現在，都對自己做的事和能實現的目標充滿熱情。

此外，本書會讓你看到，有些人拿到企業的一千萬美元，邀請他們進入董事會，你一定想知道他們是怎麼辦到的。了解別人的成功之道，你也可以辦到，你只需要先知道他們已學會的事。

我有個朋友加入許多間公司的董事會，一年就可以賺進數千萬美元；另一個朋友來自移民家庭，一開始身無分文，但現在他五十歲，身價高達一．五億美元。我的學員都是二十幾歲至三十多歲，從這個階段開始打造第一個億元財富。

這些數字聽起來很大、遙不可及，但你一定可以賺到這樣的數字。

接下來，我會告訴你如何辦到。

找到通往財富的那條路

這本書和其他有關事業或槓桿投資不同。那些書通常都過於簡化，所以並不精確。人人都在談論華倫・巴菲特、喬治・索羅斯（George Soros）、伊隆・馬斯克（Elon Musk），或是複利這樣的主題。「只要這樣！一年只要八％就能成為億萬富豪！」

我得說，這才不是祕訣。我會告訴你真正的辦法，而不是過於簡化的公式。巴菲特有蓋科保險公司（GEICO）、索羅斯因為狙擊英鎊致富、馬斯克靠的是賣掉PayPal。他們是在相對年輕時，就打造出好幾輩子花不完的財富，接著才開始用複利錢滾錢。

而我也是這麼做的，靠著 theGlobe.com 首次公開發行新股，在一天內賺進十倍的報酬，再以一年報酬率六四三％的複利累積，**使我成為全世界排名第一的基金經理人**。

當你有一筆很大的金額時，複利才會有用。但這些書都沒有告訴你，該如何先賺到第一筆錢。

大部分的書會為了新手讀者而把過程過於簡化，甚至還會說謊：「只要把薪水的一小部分投入到標普五百指數（S&P 500），你就能開始變有錢人。」還有些這樣的故事：清潔工原本住在狹小的公寓裡，最後成為百萬富翁慈善家。只有少數人會想要過那種斯巴達式的生活，付出極端的犧牲，並且長期堅持下去。

我要談的不是極簡的生活，而是給你明確可執行的步驟，不論你的起步在哪裡都能得到成果。本書提供輕鬆賺取財富的生活方式，以及你可以運用的進階建議，最重要的是，你不需要口袋裡已經有第一個十億元才能辦到。這些全都不只是建議，如果你願意一週工作八十小時，並且準備好在機會降臨時好好把握，你就很適合這套方法。

本書不是簡化版，沒有像是「在股市中用八％複利錢滾錢，五十五歲就能搭乘私人遊艇；或是繼續領死薪水、工作到退休，努力才會被認可」這類的謊言。人都是貪婪的，而你必須知道自己的價值。

你不必先投入時間。彼得．提爾就是這麼說的，而我的學員也證明了這一點。你不需要在投資銀行先工作兩年，接著在別的地方工作五年。只要你知道自己在做什麼，就可以管理一檔基金。

「按部就班」是謊言。唯一的例外就是從一間公司跳槽到另一間公司，你才需要待滿三年。除非那間公司很糟，那麼你得在六個月內離開，再加入下一間公司前要做更多研究。如果你在一間公司只做了十八個月，這樣一來，其他公司都不會冒險僱用你，因為他們會擔心，在你身上的投資得不到回報。學習你在做的工作，你才能成功。不論你是有創意頭腦的人，還是有理財天分，或是喜歡業務和營運工作，都有一條通往真正財富的道路。而我會教你找到那條路。

在本書中，你將學會：

一、擁有健全的基礎

- 打造你的基礎——健康和人脈——這樣才有耐力可以做更多事，並且在「抵達」財富時，還有健康的身體。
- 打造你生活中的快速反饋迴圈（fast feedback loop），包括健康、工作、人際關係等各個面向。
- 維持新手心態以及第一性原理（按：First Principles，回歸事物最基本條件，由源頭創造新的解決方案）思維，特別是當你年紀漸長時，更需要這麼做。但同時，**你仍要經常從歷史角度來看事情**。

二、打造堅實的人脈網

●工作與娛樂時，打造和運用你的人脈。和朋友一起，在通往真正財富的路上互相支援。

●建立忠誠的專業人脈，且不消耗你的時間。

●運用策略，例如：個人客戶關係管理（Customer Relationship Management，縮寫為CRM）、時間區段、衝刺期（sprint）和休息期。

三、利用「高薪事業金字塔」，尋找你的最佳高薪道路

●探索特定通往財富的道路，例如創投、私募基金、避險基金、獨角獸以及董事會，並了解哪一個適合你。

●在你生活中的各個角落尋找高薪機會，並知道如何把機會放到最大。

●利用網路：**在線上向「真正的」專家學習，而不是找已經不再做這件事的老師**。此外，社群媒體可以讓人看見你、建立對的人脈，並發展出意見和思想領導能力，如此一來你就能獲得新的角色。

●在市場、群眾和你的事業中尋找可能模式，這樣你才不會錯過機會。

- 知道你何時該暫停、觀察四周，以找出通往財富高速公路的匝道。

我們談的，是如何進入高薪事業的好位置。我會告訴你有最好機會的五條事業道路，以及如何用這些道路實現你的財務夢想。此外，有些事業會彼此幫助，例如：創辦企業的高階經理人（執行長、營運長等職務）和董事會，同時扮演多個角色能使你的機會加倍，加速高薪之路。

不僅如此，本書還會教你尋找高薪工作的模式，這樣一來，你就能在其他事業道路上找到這種工作，例如娛樂產業。本書的重點在於尋找槓桿借力使力的機會，並運用這些機會以獲得最好的成果。有時候你要放慢速度，才能發現機會、進入財富匝道，如此就能得到更多的利基。我也會告訴你該怎麼做。

如果你想贏，卻不確定該怎麼做，那麼請準備好，接下來我就要告訴你如何比別人早三十年打造財富。

| 第 2 章 |

你的人脈就是你的淨值

我的朋友戴爾（Dale）替我取了一個綽號「艾美馬赫」（Emmy Mach）。一馬赫是音速的基本單位（按：約為時速一千兩百二十五公里）。戴爾對我的稱呼是種讚美，代表我完成工作的速度比大部分人的正常速度還要快。我總是快速瀏覽每天要做的工作清單，完成一個又一個任務，幾個小時內就能完成一週要做的事。

戴爾問我：「妳怎麼能在一天內完成這麼多事？」我總微笑回答他：「我是以艾美馬赫的速度運作。」

更有趣的問題應該是：「艾美，妳怎麼能做這麼多事，還保持愉快心情？」

大部分的人都相信，如果我們能動作更快、更努力嘗試，我們就能完成更多事。絕對不要停下來喘息，要直直衝向想像中的終點線，等我們到達終點再思考，到了再開始呼吸，過生活。就算只是稍微停下來，也會失去動能，如此做任何事都會失敗，而讓所有我們重視的人失望。

許多人做事的方法都是儘早開始，並維持高速的生產力，但這樣無法長期持續。就像我，也不可能從工作的第一年開始，每一天都以艾美馬赫的速度工作。我必須建立起一個能持續工作的制度，這樣才不會燃燒殆盡，最終爆炸墜毀。

本章中，我將教你這個制度。這可以讓你慢下來，專注於那些能讓你領先的事，而且會阻止你走向錯誤方向——不健康、不完整的人生。有了這個穩健的基礎、扎實的能力及完美的燃料，你就能超越競爭者。**比打敗任何人更重要的，就是你最終會「贏得」比賽：在努力達到卓越的路上，還能保持愉快的心情。你會更快到達目標，而不是低頭苦幹、出賣時間、暫緩人生中其他重要的事。**

埋頭全速奔跑，會發生什麼事？

首先，要改掉普遍的迷思：以為我們必須「先達成目標」，才能「做想做的事」。如果你每天早上都很痛恨起床，那就不可能快速到達任何目標——或更慘，你會繞遠路，先進了醫院。無論如何，你都必須以自己的心理和生理健康為優先。

當然，**如果你犧牲自己的身心健康以實現生產力，或許能賺個幾百萬美元，但之後你會把所有的錢都用在恢復健康——心理諮商，或是開刀動手術，也可能是兩種都需要**。如果你實現目標，身體卻不健康，這樣有什麼意義？誰想要實現目標，卻發現沒有人可以分享喜悅？

也許你能比別人提早三十年實現財務目標，在這個過程中，卻因此少了五十年的壽命。

許多超高效能的人把工作放第一，其他事的重要性全都很低，等到學到教訓時已經後悔莫及。我有個朋友叫艾德（Ed），我們都四十歲時，在同一個產業工作、工時一樣長。

有一天，我們下班後見面，在我家附近散步、閒聊，艾德走上一小段斜坡就需要中途停下來，雙手撐在膝蓋上喘氣。而我是三種競技運動的世界頂尖選手：健美、馬術和短跑，同時我一週工作八十至一百小時。艾美馬赫是怎麼辦到的？

一位菁英健身教練教我，把時間想像成好幾天的移動平均。不要衡量你每一天的成功，而是要問自己：我這三天或六天內，做了多少運動、吃了多少東西。這樣你就不會對自己那麼嚴厲，並遵照自己的體力起伏及時程，建立起自己的基礎。

我一週會跑步六天，每天三英里（按：一英里約一・六公里），這就是我的基礎、我的平均。一年裡，總有些日子會跑得比較少，例如假期和八月的時候；而當工作變少，就有時間一天跑八英里。我的心理和身體都知道我可以跑更長的距離（我跑過十五場馬拉松和五場超馬）。如果我一週大部分時間都能跑八英里，那就可以找一個週六出去跑三十英里。

這就是艾美馬赫真實的生活。我不會穿上鞋子就直接跑三十英里，而是先每天跑三英里，並算好時間，逐漸增加距離，直到一天能跑八英里。這就是我的方法。

我有些在華爾街工作的朋友始終無法退休。不是財務問題，而是因為他們沒有地方可去，沒有其他事情可做，也沒有人可以跟他們一起做。除了華爾街，他們沒有嗜好、興趣、朋友或家人。

當然，許多很有衝勁的人是在不健全的家庭中成長，他們可能不想再親近這些家人。雖然這不是我們能選擇的，但也有些人說，出身不健全的家庭，是許多事業有成的人實現更多目標的動力[1]。

你可以重新定義家庭，將你的好朋友視為家人。只要專注於一些微小的時刻，就可以讓你工作更長時間。這會讓你每一天都有社交生活，實現目標之後也可以繼

1 梅洛蒂・懷丁（Melody Wilding），〈為什麼「功能失調」的家庭會造就出偉大企業家〉（*Why 'Dysfunctional' Families Create Great Entrepreneurs*），《富比士》，二〇一六年九月十九日，https://www.forbes.com/sites/melodywilding/2016/09/19/why-dysfunctional-families-create-great-entrepreneurs。

續這麼做。

我透過專注於重要的事，打造出持續向上發展的基礎。而你的基礎——包括身體健康、體能適中，以及友誼——就是你的盟友。打造你的基礎，並好好照顧它。每天都要愛自己，至少做一些運動、吃天然的食物，以及和朋友聯絡。

這些是健康的基本。跑步的例子說明了「**慢慢來，比較快**」的道理。**如果你的私生活一團亂，工作就無法一直維持高效能**。你得先建立起這樣的基礎，慢下來，把真正重要的事納入日常生活中。

本書是關於如何實現和菁英一樣的表現，第二章我卻先談放慢腳步。曾有人詢問我如何為奧運級的競賽做準備，我也是給他們同樣的建議。許多人很意外，因為這聽起來很違反直覺。**辛苦多年卻沒有突破的人，總想要更努力、使速度更快，但這就是他們崩潰、失去機會的原因**。

你知道還有誰是因為放慢腳步而致勝的嗎？美國總統。

二〇〇六年時，我和時任思科系統執行長約翰．錢伯斯（John Chambers）一起吃早餐。當時，我剛在加州蒙特瑞（Monterey）的思科年度大會上演說，共有兩千五百位經理、董事以上層級的人與會。

那時候我正為思科第二大股東歐本海默基金管理六十億美元的科技投資，而人脈極廣的美國前總統比爾．柯林頓（Bill Clinton）是該次大會的主題演講者。

柯林頓和錢伯斯一直都在拓展人脈。錢伯斯在早餐時，告訴我柯林頓拓展人脈的祕訣：「在那一刻，**把和你說話的人當成宇宙的中心**。」

我們都想被人注意，但是否常常有人能毫不分心、把注意力放在我們身上？在那一刻，把你所有的注意力放在一個人身上，你就會有很大的優勢。聽起來太簡單嗎？你可能還記得柯林頓曾擔任兩屆美國總統，他是上個世紀美國最有權勢，也最有群眾魅力的政治人物。柯林頓總會放慢腳步，專注於正在和他說話的人身上，讓對方覺得他一心一意在聽對方說話。

許多擅長經營人脈的人，會給別人九〇%、九五%，甚至是九九%的注意力，但柯林頓則**把注意力一〇〇%放在對方身上。最後那一%的注意力，就是人脈大師創造驚人財富與權勢的能力**。

你想要賺大錢、想要領先同儕二十年或三十年實現目標，不想要照別人那樣按部就班，那你就得做和別人相反的事。

我常建議人們「慢慢來，比較快」，因為幾乎每個一週工作八十至一百小時的人，都在全速奔馳。**當你在街上全速奔跑時會發生什麼事？你會看不到從起跑點到終點中間的任何東西。**這樣就會和我一樣，錯過開上財富高速公路匝道的機會。**只專注於終點線，你就可能會和最好的機會擦身而過。**

柯林頓能獲得名氣和財富，不是因為他全速前進。他會有如此成就，是因為知道何時該放慢腳步，和一路上遇到的人們相處，而他這麼做會讓別人覺得自己很特別。他們會記得和他相處時，感覺自己就像宇宙的中心。他們想要更多這樣的感覺，就會想接近他、幫助他。

柯林頓用比較少的時間，卻建立起更穩健的人脈，深究原因是他沒有和人們擦身而過。

想要跟隨這位美國總統的腳步嗎？那就要尋找別人錯過的、輕鬆賺進高額財富的機會。你可以在三個領域找到這種機會——在艾美馬赫系統中的三要素：**人脈拓展**、**快樂與健康**，**以及與朋友**、**家人相處的小時光**。本章中，我將告訴你如何在這三個領域放慢腳步，打造維持一生的基礎。

建立你的客戶關係管理系統

你的人脈就是你的淨值。你不需要當最聰明的人，也能得到你夢想的工作。

詹姆斯・克利爾（James Clear）所寫的《原子習慣》（*Atomic Habits*），全球銷量破千萬冊。他不是華爾街任何一間銀行的執行長，卻能告訴你建立和運用人脈如何讓人變富有。他提供的七步驟打造事業的建議，也可以運用在任何領域中，打造穩健的人脈：

一、把工作做好。
二、公開分享。
三、寄電子郵件給你不認識，但比你早行動的人。
四、與人談論你的工作，並互相交換想法。
五、主辦活動並親自與人見面。
六、交朋友。
七、與他人一起進步。

我現在五十幾歲，觀察大學同學現在的生活時發現，最富裕的那些同學並不是最聰明的人，反而是最擅長拓展人脈的那些同學。

還記得我之前提到過，你不需要是最聰明的那個人嗎？這就是我的理由。如果你懂得經營人脈，就可以和任何領域中最聰明的人往來，接著你就可以運用這個人脈，創造出最大的機會。所以我這麼說：**你的人脈就是你的淨值**。

在這個數位時代，你得用更有效的方式拓展人脈，才能帶來你想要的一切。學習在對的時間、用對的方式與人往來，你就能成為建立人脈的大師。關於拓展人脈的書非常多，但你不需要去練習那些書裡所說的方法。我會告訴你，對我以及我那些事業有成的朋友來說，讓他們達到現在身分地位的最有效策略。你要用這樣的方式慢下腳步，才能從你的人脈中獲得最多的好處。

首先，建立你的個人「客戶關係管理系統」。

提到「客戶關係管理」，你想到的可能是以前使用賽富時（Salesforce）開發的客戶關係管理軟體，用來追蹤過去、現在和潛在客戶的購買資訊和聯絡方式。但是我要告訴你，你可以使用類似客戶關係管理系統的方式，追蹤你所認識的每一個人，包括私生活和工作上所認識的人。

以我最親近的某位好友為例。她已經建立起相當的財富，從華爾街開始，接著有許多公司找她加入董事會。她和其他董事會成員，只要一加入董事會就能領到數百萬美元。除了本身的聰明及努力工作外，她的祕訣是什麼？**利用 Excel 試算表，做個人的人際關係管理（就像客戶關係管理系統一樣）**。

她會記錄她所認識的人，是在哪裡認識他們、從事的產業，以及後續和他們聯絡時用的個人筆記。她會視她需要從這些人脈中獲得什麼，規畫每月、每季或每年固定聯絡其中的一些人。從大學三年級開始，她就利用這個方法在華爾街找工作，直到現在都沒有停止這麼做。她有兩個事業幫助她累積起龐大的財富，而她認為她的成功主要是因為有很好的人脈。

你的個人客戶關係管理系統，對輕鬆賺進高額財富的事業非常重要。

我在本書中分享給你的這些事業，很少對外公開招募（就算有，也只是做個樣子）。我的朋友說，她從來沒有成功進入她鎖定為目標的董事會，即使她已經擔任某間公司的董事長達二十年了。所有機會都是自己找上門來。

請想一想：這些工作價值數百萬美元，但她無法自己應徵這些工作，必須等待這些工作自己找上門。除非她自己積極經營人脈，否則不會得到這些機會。

開始規畫自己的個人客戶關係管理系統永遠不嫌早，她從大學就開始了，到現在還是只使用一張簡單的 Excel 試算表，而你可以使用 Excel、Notion、HubSpot 或卓豪（Zoho）等應用程式或軟體。或是上網搜尋，也可以找到其他很好的客戶關係管理解決方案，有些是免費的，有些定價很合理，不管你使用哪一種都沒有關係，只要選擇可以讓你輕鬆開始追蹤人脈的系統就可以了。

我的意思就是：持續追蹤你在任何地方認識的每一個人。你認識的任何一個人，都有可能在某個時候介紹你認識某個重要的人，或是介紹能改變你一生的工作、投資機會。

請想一想，葛瑞格和琳達是在大學的時候認識的，因為一門會計課的報告而一起研究比特幣，結果加密貨幣成為他們友誼、財富和事業的基礎。

追蹤所有你認識的人，他們的姓名、聯絡資訊、工作、你在何時及哪裡認識他們、你們之間的共同點，還有再次聯絡時可以聊的一些話題。此外，也要規畫你想要聯絡對方的頻率，甚至可以在行事曆中提醒自己聯絡對方。個人客戶關係管理未來將帶給你的幫助，遠遠超乎你的想像。

打造人脈的行動方案

我事業有成的朋友和學員，每週都會花一點時間聯絡他們的人脈。重點是不要盲目，而是要規畫如何聯絡你所遇到的每一個人。如果想知道你需要建立哪些人脈，就需要先知道自己的需求。你可以使用下面的清單來研究自己該建立什麼樣的人脈。

第一步：你需要什麼？

- 你現在努力的事業方向、資金、合作夥伴和里程碑是什麼？
- 你想先實現的目標是什麼？接下來又是什麼？
- 檢視你的個人客戶關係管理系統。有沒有認識的人可以給你建議，或可以介紹你認識其他人？你的朋友、一起運動的搭檔、父母、祖父母、阿姨、叔叔、其他親戚，甚至是親戚的朋友，他們有沒有其他的人脈？他們介紹你認識的每一個人，都會是你的客戶關係管理系統中的另一個人脈。

第二步：建立行動方案

●先從非正式的閒聊開始打好關係。例如：在商務社群網站領英（LinkedIn）上直接傳送簡短的訊息，或是寄一封簡短的電子郵件打聲招呼。

●找出他們喜歡溝通的方式，例如：電話、在推特（Twitter，現更名為X）或領英上私訊、手機簡訊、電子郵件，或是面對面聊天。記錄下來，並用他們喜歡的方式和他們聯絡。

●繼續和他們保持關係，有時你可能好幾年都沒有向對方提出任何的要求。

●如果你打電話給他們，或是約出來見面，一定要說清楚你想聊天或見面的時間有多久，以及你想要聊的話題。

打造人脈的行動方案

第一步：你需要什麼？	檢視你的事業方向、資金、合作夥伴及里程碑。
	你的目標（想先實現什麼，以及接下來的目標）。
	最後檢視你的人脈，以及這些人有沒有其他人脈可以介紹給你。
第二步：建立行動方案	從非正式閒聊開始認識人（例如：傳送簡短訊息或電子郵件）。
	記錄他們喜歡怎麼與人溝通，並以這個方式聯絡。
	保持關係。
	如果打電話或見面，務必說清楚想談的話題、時間多長。

切記，絕對不要這麼做：

- 約對方一起吃晚餐或午餐，時間很長卻沒有任何目的。
- 寄出的電子郵件語氣冷淡，且內容冗長。
- 向很忙的人諮詢建議，或是「聊個三十分鐘」。
- 當對方沒有放下手邊所有事情來幫你，就感到沮喪或生氣。

你得這麼做：

- 說清楚你想要學習或詢問的事情。
- 聯絡那些可以幫你達成階段性目標的人，而不是「任何」商務人士。
- 一開始先請教對方十五分鐘，這樣你就可以展現出你尊重且感謝對方。請準備好特定問題，善用他們的時間，務必在十五分鐘內結束你們的對話。
- 當你有機會幫助對方時，發揮你的創意，幫對方實現目標（若你有興趣，可參閱傑克·布曲〔Jack Butcher〕的「自主學習」一美元課程[2]）。

你想取消的會面，可能就是大好機會

不要東拉西扯、浪費對方的時間。你得照顧好自己的身體、維持健康並好好休息。請你一定要記住：當你覺得太累而不想去的某一場會面、在領英聯絡的對象拒絕你無數次、你不想打的電話，都可能是大好機會。這可能就是你需要的、非常棒的人脈。

我一生中，有無數次大好機會，都是在我很累而不想出席的會面時遇到的。你當然還是要維持自己的健康，並且保留體力。但是**當大好機會來臨時，就算你很累也一定要接受。而在你行事曆上規畫要休息的時間，就好好休息。**

大家都知道我有很龐大且忠實的人脈，而且我很善於和人保持聯絡。但是，我拓展人脈時遇上的最大問題，並不是和人保持聯絡。我想要不用做太多事就能實現更多、更大的目標，因此我需要一個系統。

這就是為什麼我會不斷提醒你，要開始個人的客戶關係管理，因為這是**你最重要的資產：你的人脈**。

我認識羅斯・佩羅（按：全名為亨利・羅斯・佩羅〔Henry Ross Perot〕，美國商人，曾於一九九二年和一九九六年兩度參加總統競選，二〇一二年被《富比士》列為美國富豪榜第一百三十四名），是在一場首次公開發行（Initial Public Offerings，縮寫為ＩＰＯ）的說明會上，那時我正在管理排名第一的尼可拉斯艾波蓋特全球科技基金。我們花了一個小時討論他的公司佩羅系統（Perot Systems）。

聊到最後，他的聲音很激動。他問我：「妳的老闆是誰？」我說：「亞特・尼可拉斯（Art Nicholas）是我們的執行長。」

他找我的老闆聊了一下。事後，佩羅對我說：「我告訴他，他不夠重視妳。」後來連續兩週，佩羅每天都從他的飛機上打電話給我兩次。他會請總機透過公司的廣播系統大聲的說：「艾美・索別斯基，羅斯・佩羅打電話找妳。」

其實佩羅根本沒有必要每天都找我說話，他是刻意要讓尼可拉斯艾波蓋特的人都知道我的存在。

---

2 傑克・布曲的 Permissionless Apprentice 課程（Visualize Value）：https://visualizevalue.com/collections/courses/products/the-permissionless-apprentice。

那兩週後發生了什麼事？我有沒有和他保持聯絡？我有沒有能幫上他的地方？我有沒有問能不能在他的公司工作？

全都沒有。

回想起錯失的大好機會時，我總是懊悔不已。雖然我的工作很順利，但如果我能回報他給我的幫助，我的事業可能會更上一層樓。

多留意和你意氣相投的人，尤其是有能力和財力，可以幫助你事業更上一層樓的那些人。**不要以為對方高不可攀，這是錯誤的想法。**羅斯．佩羅是非常忙碌的人，我從來沒有想過我可能有機會為他工作，他卻連續兩週、每天打電話給我兩次。我當初沒有把握機會，我永遠也不會知道還有沒有其他機會。

專注聽對方說，不要做筆記

我在帕藍提爾資本（Palantir Capital）工作時，最愉快的事情之一就是和老闆一起拜訪公司。葛倫．鐸謝（Glenn Doshay）會要求每位分析師，每一季都和他一起去拜訪公司，而我也很喜歡這件事。他是一個才華洋溢、求新求變的人，你永遠不會知道他會對公司的管理階層說什麼，或他們會如何反應。

一開始，我就像任何一位好的分析師，勤做筆記，並且想要記住每個人說的每句話。有天我們走出會議室時，他對我說：「妳夠聰明，可以記住三十分鐘內我們聊過的話題，所以不需要寫筆記。等妳離開了再記錄。如果妳想在會議中提醒自己，就寫在他們給妳的名片背面，不要在他們談到妳有興趣的事情時寫筆記。」

為什麼？這是因為沒有人知道你覺得什麼事情有價值，他們不會根據你的反應而少說一點，但當他們看到你在寫東西時，可能會對你產生戒心。有時，你的目標是讓對方提供你資訊，但沒有發覺自己已在不知不覺提供。

這麼做的目的不是為了取得內線消息。事實是，公司經營團隊和投資人的動機並不一樣，**有些時候，你必須把自己手上的牌藏好，不要讓人看到。**

而這麼做的另一個好處是，你可以放慢腳步、享受和對方相處的時刻，而不是急著把事情寫下來。**當你的雙眼專注看著對方時，會讓對方覺得自己很重要。如果某一個想法真的非常棒，即使過了三十分鐘你還是會記得。**

大部分的人，都喜歡聽自己說話

網路上有很多教學，可以幫助你精通對話的基本技巧，我稍後會詳細說明。但有一件事情我覺得非常重要：你一定要**提出開放性、立場中立的問題，還要有幾個後續的提問**。

你可以把這**想像成玩跳房子**。每提出兩個問題，就更深入一點，就像是往前跳了兩格。而最後一個問題可以跳到相關的領域（就像跳到旁邊一次）。利用跳房子遊戲的原則，你就不會犯下讓對方說出太多私事，或突然跳轉話題的錯誤。詢問對方問題，並繼續深入討論，你就能更了解這個人。

如果要這麼做，你當然要放慢腳步，並對對方感到好奇。你需要花時間了解這個人，若太過急躁就不可能做到。慢下來，專心面對和你談話的人，你才能了解對方，並知道他們能為你帶來什麼幫助。

很多人覺得認識別人是件壓力很大的事。要如何控制談話的內容？要說些什麼？其實這些問題都有很簡單的解決方式，那就是「**你無法控制別人**」。所以，你不必再嘗試了，你根本不需要擔心該說些什麼。因為**大部分的人都沒有在聽別人說**

話，而是比較喜歡聽自己說話。你該怎麼做呢？這是本書中能幫助你最快實現夢想事業、財富和家庭生活的建議：**少說話，多提問、多傾聽**。

大部分想要變得更健談的人，犯下最大的錯誤，就是變得更善於說話。其實，他們應該要問簡短、開放性的問題，接著讓別人說。當你掌握了這個技巧後，就會覺得聊天是一件很輕鬆自在的事。舉例來說，當你回覆網路上的評論時，你會簡短說聲謝謝，還是提出一個問題並請對方回覆？

只要有疑問，就提出更多的問題。

讓別人有機會指導你

在網路的新世界裡，你為財富拓展人脈的能力會成長得非常快。企業可以用更少的資金得到更快速發展，這表示機會將會更多。每一間公司都可以使用 X、領英、TikTok 等社群網站快速回應。只要按一下滑鼠，就可以獲得龐大的運算能力、人才，以及絕佳的觀點。

我們都知道，**當你認識對的人，好運就會增加好幾倍**。當你知道哪些公司在遭遇困境時，會設法轉型而不是陷得更深，你就能做出聰明的事業決策。同樣的，能夠在對的時間轉型，才能造就不凡的企業執行長和經理人。

我很幸運，建立了一個有許多聰明人的人脈網，而他們會介紹我認識更多聰明的人。我喜歡結交朋友和認識新的技術。該怎麼做？長時間觀察別人——人們如何做決定？我尊重的人是不是也尊重這些人？他們如何對待客戶、投資人，甚至與他們敵對的人？

我為機構投資人工作的二十五年之間，有許多時間和五十位企業執行長與財務長溝通。我看過他們深陷困境時的表現，在艱困時期他們如何下決策。有些人會恐慌，但有些人會冷靜、深入思考，在景氣不好時反而加速成長。而我所見過最棒的領導者，是在一切順利時，還能保持謙遜的態度。

你可以找那些聰明的人，看他們的訪談、留意他們的職業生涯，並追蹤他們長時間下來所做的決定。某天，你會找到一些人，正在做著你也有熱情的事，而你有機會加入他們——因為你已透過網路拓展人脈，並利用機會接近他們。

當你想要認識某個人——不論是親自見面，還是在網路上聯絡——你可能都會擔心自己對於對方來說沒有什麼價值。我也曾經很擔心，想知道我該如何為比我更有經驗的產業領導者提供價值。不過，別恐慌，我們先把現在的你和未來的你分開來看。

現在的你才剛開始你的事業。而人們往往喜歡教導別人和提供建議。所以，**你送給他們的禮物，就是讓他們有機會指導你，而你會百分之百專心傾聽他們說的話。你能給他們的東西，其實遠比你所知的還要多。**

後面我會分享我如何為公司的投資長提供價值，獲得我要求的升遷機會，而當時我才剛取得MBA學位一年而已。其實，就算是剛開始踏入社會的人，也可以為已有多年豐富經驗的人帶來價值，只要發揮你的創造力、保持好奇心，並維持開放心態。

隨著你的事業發展，你可能會成為有影響力的人，所以別現在就小看自己的影響力。你要如何成為一個有權勢的人？你要如何成為別人需要時會尋求協助的人？首先，請想像一下，你已經擁有了這些價值的未來：

- 你認識一些很聰明的人，而他們做的工作很有趣。
- 你的技能和知識可以幫助其他人獲得成功。

●你認識可以幫助其他人成功的人。

接著思考：如何做到的？

●你很早就開始學習商業知識，且經常接觸新知。
●保持好奇心，時常敦促自己學習，並認識其他也在學習的人。
●你把事業當成拓展人脈的機會，而不只是一連串的工作經歷。

我主要的問題在於，我對自己的身分認同使我無法看到未來的自己。我認為我的職業是在公開市場裡的投資人，而不是在投資界工作的人脈專家。**你選擇如何看待自己，那就是你的身分認同**。

現在就開始打造未來的自己。**當你知道目的，還有你想要的人格特質時，打造未來的自己就會很簡單**。如果可以的話，就儘早在網路上拓展人脈。但如果不行，請記住：無論何時都不算晚，到處都有進入財富高速公路的匝道。

另外，在開始前，你要先問自己這三個問題：

- 我要如何利用線上社群和課程來學習、結交新的朋友？
- 我該如何策略性的選擇工作和事業道路，以學習新技能？
- 有沒有更聰明的拓展人脈方式？

建立個人品牌，而不只是現在的職稱

在數位時代，你必須在社群網路上非常活躍。我很意外的發現，有很多擁有MBA學位的人，明明使用領英履歷表，卻從來不發布任何內容。**除了在公司工作之外，你得建立起自己的個人品牌——不能只是現在工作的職稱而已。**只有一%的使用者會每天在領英上發文，只要你每天都發表一些文字，就會成為那一%，定期關心你動向的人就會變得更多。而關心你動向的人越多，代表著更多機會，例如那些從來不向外招募的工作機會、公開演說，還有其他機會。一定要讓別人聽到你的聲音。如果你沒有知名度，事態發展又不如你所願時，可能就會有其他人來填補你原本一直想要的職位。

還記得我一開始時說過，我為公司賺了兩千四百萬美元，並向老闆要求加薪的故事嗎？公司拒絕幫我加薪一萬五千美元，只願意給我一萬美元。在經歷那樣的事情一年之後，如果我還是沒有得到夠好的薪酬，我知道問題就是出在自己身上，而未必是當時雇主的問題。後來，我和一位女性朋友一起出席某場會議時，我告訴她發生的事，而她就幫我介紹了新工作。

那是在有網路以前的年代。若以現在社群媒體的蓬勃程度，你會擁有更多力量。你給自己的發言權會比公司給你的還要更大。**表現出你是個思想領袖的樣子，這並不難，其實只需要領先同業其他人一〇%就好**，也不需要表現得過於傑出，以免顯得自視甚高。只要讓別人知道你過往的經歷即可，稍微落後你的人就會知道你說的是真的。只需要這麼做：**分享你的學習過程，展現你的學習成果。**

在領英上發表一些你未來想要的職業道路、目標和夢想，以及你打算如何實現。或是發表文章討論你正在讀的書、從中學到的事情，以及你要如何應用所學知識，再寫下當你做這些事情時發生了什麼事。

當然，你也可以撰寫其他內容的評論，例如寫一些你在工作中、人際關係中學到的事，你的經驗肯定會引起某些人的共鳴。

但是，也不要把事情寫得太美好。**你可以談論一些有趣，甚至是有爭議性的事**

情，**大約有三〇%的讀者不同意你的看法，就可以讓雙方開始討論這個議題**。你不需要當個惹人厭的傢伙，只需要表達、讓別人知道你的立場就可以了。

千萬不要當一個沒有意見的人，或只是當個傳聲筒。只要你出聲表達意見，就會遇到立場和你相同的人。只要一點點的爭議性——一般言論與爭議性言論比例約為七比三——就可以讓同意你和不同意你的人開始對話。他們會強烈感受到你的意見並沒有被過度美化，因此會留下自己的評語，而其他支持的人則會表達對你的支持。不同的觀點會讓人知道你的立場，以及哪些人同意你、哪些人不同意你。

在廣大的網路上，與你意見相左的人就是在定義你的為人，並帶動演算法幫你找到更多同類型的人。不同的意見可以讓人知道你的特質。你需要讓別人來告訴你，他們是如何看待你，這就像是倒影。不喜歡別人定義的你嗎？這就是一個改變你說話或行動的機會。

最後，請問自己一個問題：「**我想要呈現出什麼樣的形象？**」你在真實生活中當然是一個人，但在網路上，你的發文長期下來就是你的縮影。你每次的發文都必須一致，就像一間公司的品牌必須傳達一致的聲音和形象。你可以這麼做：寫出五個你想要模仿的對象。舉例來說，我希望在網路上成為像美國演員卡麥蓉・狄亞

（Cameron Diaz）那樣，身材窈窕、活力四射又聰明的人。

人們聽到和看到的你，是否就是你想要呈現的樣子？社群媒體能讓你迅速看見反饋，你很快就知道人們接收到的是否就是你想要傳達的訊息。如果不是，就要調整。你得多傾聽觀眾的意見。

人們常擔心，深入談論一個話題會限制住他們。其實正好相反，深入討論不僅能讓你說出更多有趣的事，還能帶來熱情。你可以轉發內容類似的文章，但若你重視這個議題，就再多談一些。

例如，我在撰寫本書時，很想要只寫有關 Web3 結構，以及在這領域工作的事——「Web3 結構」是我命名的一個類別，描述如何透過自動化符合規範的通用語言（common language），以區塊鏈安全的連接傳統金融與去中心化金融（DeFi）及加密貨幣。當我越意識到我的工作所帶來的無限可能性，就越有要把它寫出來的想法！

你有你的角色（你的形象）和你的利基市場（你有熱情想深入研究的事），請把這個利基市場視為你一人壟斷的市場。大衛．培雷爾（David Perell，線上寫作課程 Write of Passage 創辦人）曾寫道：「你非常熱衷的事，可以一遍又一遍的談論。

而當你越專精，就會挖掘得越深。」

話說回來，有什麼是不該寫的內容嗎？或許可以看一看你的同業是怎麼做的。我的朋友達麗安娜．劉（Daliana Liu），在我撰寫本書時，有十五萬人關注她分享的文章。她從事資料科學工作，在網路上她會討論許多人寫程式碼時面臨的挑戰，但不會牽涉到她在公司撰寫的程式碼。就算她沒有分享工作內容，人們還是可以從她寫的文章學到很多東西，而且你也能看到她的立場。

若是在銀行業，你可以討論投資的哲學，例如價值和成長，但不提供任何的投資建議。你可以盡可能多談論你想要談的事情，但要記得別給自己惹麻煩，或違反你的聘僱協議。此外，還要注意會影響你撰寫內容的產業法規，例如金融服務業的法規。

在不冒犯雇主的情況下，盡可能保持你文章的內容平衡。**網路世界的本質就是充滿虛假的事物，但當你呈現真實的自己時，就能脫穎而出。**

你會因此認識不同的人，並對彼此的工作產生共鳴。在網路上交朋友，其實就像每天去咖啡館和別的客人聊天一樣，你的生活會因此變得更豐富，而且你能從其他人身上學到很多知識。

你現在已經理解了「你的人脈就是你的淨值」。但如果在此同時，你的身體不健康……你一定聽過這句話：「健康就是財富。」

健康與成就的拉鋸，就是平衡

我不是醫生，但我曾在一本已出版的醫學教科書中，撰寫過有關營養的章節，書名是《青少年的健康檢查：大數據時代的更新資訊》（*Adolescent Health Screening: An Update in the Age of Big Data*，中文書名暫譯）。馬術、健美及田徑這三項運動，我在全國、甚至全世界都有很高的排名。而同時，我每週工作八十至一百個小時。

以下內容並不是完整的指南，無法給你所有你需要知道的健康資訊。這只是簡單的步驟，可以幫助健康的人打下好基礎，以實現高效能人生。我會說明如何專注於健康的三個領域，為你帶來最佳報酬。這三個領域分別是平衡、鍛鍊及營養。

要如何維持精力，同時百分之百專注於你的工作和個人生活？就算你一週工作六十至八十個小時（或願意這麼做），還是要有平衡的生活。但如果你認為工作與生活的平衡，是指每週工作四十小時，有很多其他時間交朋友，那麼這本書並不適合你。這麼做並不會讓你實現目標，你要在採取高強度的行動時創造新的平衡。

我認為的平衡是，有多個令人感到興奮的事情同時進行中。對我來說，就是一週工作八十至一百個小時，管理數十億美元的資產，同時還要從事高難度的體育競賽。我在三種奧運級的運動排名都是全國頂尖，這表示我必須一週五天在避險基金工作之餘，把週末留給運動。而我的朋友們則是選擇陪伴家人。

我所謂的「平衡」，並不是說要成為奧運選手並贏得獎盃，重點在於**維持健康，以及你想要獲得的工作成就或其他方面的成就，這兩者之間的拉鋸就是平衡**。你可以把這想像成一個很重的槓鈴，兩端都很重卻能維持平衡。

對你來說，和工作一樣需要動力的另一件事是什麼？你現在可能還不知道，但可以探索不同的領域以培養技能，這樣當你找到「那件事」時，你會知道這就是你要的。可能是武術、某個運動、學習外語、研究天文學，或任何你覺得有趣、能讓你投入好幾個小時的事情。

否則，你最後就會像我認識的那些四十幾歲的朋友，稍微爬坡一下膝蓋就不舒服，還喘不過氣。他們退休後沒有任何的嗜好或興趣，因為他們全力以赴拚事業，卻沒有任何其他事要平衡。沒有家庭、沒有健康，什麼都沒有。

你能承受失去健康、工作停擺一整年嗎？

即使我每週工作八十至一百小時，我仍會在週二和週四舉重十二分鐘，一週兩次，一次十二分鐘，如此我完成了十種不同的運動。每週一、三、五，我一邊在跑步機上做有氧運動，一邊聽法說會的錄音重播。如果週末時感覺肌肉不舒服，我會在週二的舉重運動時多留意這件事，並取消其他練習。透過這樣的方式，我在嚴格的時間限制內（十二分鐘）不斷重複。

馬拉松最困難的挑戰，並不是跑完二十六英里（按：全程馬拉松長度為二十六．二二英里〔四十二．一九五公里〕），而是全程都不要倒下。長跑時，你的大腦會進入自動運作模式，但如果你要跑過樹根和岩石之類的障礙物時，自動運作功能就沒有用。在現在這個時代，連續六個小時維持活動是件不尋常的事——這是當我工作不多時，一天內跑完二十六英里馬拉松所需的時間。在那段時間，大腦必須「開機」。對你的大腦下指令，讓大腦要求你每天都要活動筋骨，並向自己證明你可以辦得到。

你需要長期運動才能達到健康的體態。我們都不知道自己體能的極限，而目前我正投入下一個新的挑戰。五十歲時，我在森林裡跑五十公里的馬拉松。五十一歲時，我在七天內跑了五十公里和一場馬拉松，兩個月後又參加健美比賽。

撰寫本書時，我正在為環白朗峰健行（Tour du Mont Blanc，在瑞士阿爾卑斯山的白朗峰下繞一圈）進行訓練：全程海拔最高約兩千六百公尺，九天內徒步旅行八十五英里。

對我而言，「有趣」就是挑戰自己，這點在工作中也一樣。**你小時候想做什麼？再夢想一次、再嘗試一次！**我經常聽到有人說：「我在二十幾歲時曾為了鐵人三項而訓練，但現在我四十幾歲，已經太晚了。」我得說事情絕非如此。

舉個例子：我哥哥曾有十五年從未鍛鍊過身體，但現在他一天可以騎自行車八十英里。而我四十二歲才開始跑步，剛開始我跑四分之一英里就喘不過氣，所以我會跑四分之一英里、走四分之一英里，再跑四分之一英里。我這麼跑跑停停，也只能跑兩英里。我擔心我的膝蓋和關節受傷，後來買了比較好的鞋子，並發現跑步對關節有好處。

運動永遠不嫌晚，但若有疑慮請諮詢你的醫生。我和朋友一起為世界上最瘋狂的健行之一「環白朗峰」訓練時，使用MFA訓練法（按：Maffetone Method，最大有氧能力耐力訓練方法，指依循個人年齡和體質設定的有氧心率進行耐力訓練）。我朋友今年五十五歲，在這之前她做過最困難的事，僅有步行九英里穿過優勝美地國家公園（Yosemite National Park，位於美國加州中東部）。

所以，她從來不相信自己能登山健行，她會說：「我的年紀太大了，而且我的家族有心臟病史。」但是，現在我們正在規畫環白朗峰。**諮詢你的醫生，但要相信：你可以做到的事，很可能比你想像的還要多很多，你要勇敢做夢。**

我另一個朋友則會找藉口：「我有很多工作；我離婚了，要自己顧孩子。我沒有時間運動。」我問她有沒有跑步鞋，她說有。因此，我要她穿上跑步鞋，繞著她住的街道跑二十分鐘，再回來加入我們的視訊通話。從那之後，她就一直在跑步。

人們對運動有一個普遍的誤解：心率高的運動就是好運動。這是錯誤的！當你一開始運動就過於用力，很容易感到疲勞和痠痛，接著你就會失去興趣。人們總是擔心：現在想要運動已經太遲了——這個想法大錯特錯。

MFA訓練法的創始人菲爾・馬佛東（Phil Maffetone）告訴我們，大多數人做的運動都超出自己的含氧範圍（氧氣和營養可以支持肌肉和韌帶的心率）。當心率更快，每次心跳時，你的肌肉都會缺乏氧氣，進而累積乳酸並造成痠痛，這會造成你心臟的壓力。將心率提高到超過你的含氧範圍，會對身體帶來壓力，並傳遞訊息給你的大腦：這樣不行！

大部分做有氧運動的人，都以為他們的運動在自己的含氧範圍內，但其實早已超過，所以他們並沒有累積自己的含氧量（身體將更多氧氣和養分輸送給需要組織的能力）。這麼做完全沒有發揮運動的作用。在最好的情況下，你沒有變得更健康，只是浪費了一點時間；但若在最糟的情況下，你會對壓力已經很大的生活造成更多的壓力（因產生皮質醇〔cortisol，又稱壓力荷爾蒙〕）——這和運動的目的完全背道而馳。

再回過頭來談那位和我一起為環白朗峰訓練的朋友。她請我打造一個為期一年的訓練計畫，以幫助她做好準備，她先生則拜託我別把她搞死。我建議她使用MAF訓練方法的低心率訓練[3]。訓練後，她的心臟比幾年前更健康，而且大家都

3 亞當．拉博（Adam Rabo），〈MAF訓練指南：MAF如何在適度跑步中運作〉（*MAF Method Guide: How The Maffetone Method Of Moderate Running Works*），Marathon Handbook，最後更新於二〇二三年一月十日，https://marathonhandbook.com/maf-method-maffetone-method/。

說她看起來年輕了好幾歲。你也可以使用這個簡單的方法，使用MAF計算機，根據你的年齡和其他因素計算出你的最大心率。

你會意外的發現兩件事：你的最大心率有多低，以及用這個方法運動令人心曠神怡，而且不那麼累。當我跑三十英里時，我的心率還是很低。請記住，超過你含氧範圍的運動，並不會幫助你累積有氧量。而像舉重是無氧運動，不會累積你的有氧量，但是它的目的完全不同，是為了強健你一生的骨質。

如果你沒有時間，或是剛開始練習舉重該怎麼做？你可以在椅子旁放一些重物，每次在椅子和桌子間來回時，就做一、兩組。這很簡單，而且有累積的作用。有些人會認為「沒有痛苦就沒有收穫」或「如果事後不覺得累，就沒有運動到」，我認為這都是迷思。

我曾在某次八英里慢跑途中，跑到六英里時骨盆骨折。我跑下人行道，然後感覺一陣強烈的劇痛，彷彿有人拿刀把我的恥骨切成一半。我當時以為我需要維持一致的步伐，不要偏向用任何一條腿，並保護我的背部，把剩下這段路跑完。我又跑了一英里，後來卻花了半年的時間休養，讓骨盆復原。

最後我終於想通了：沒有人在計算我跑得有多快，也沒有人想知道我跑到哪裡，或跑了多久。我跑得很開心，不會有人在乎這些事。現在我會帶著水，並且在加油站補水時休息。跑步的里程和路徑是無法規畫的，雖然專業運動員會這麼做，但不是每個人都能做到。而我的目標不是專業運動員，是照顧自己的身體、享受運動過程，並讓我未來幾年都能維持最高的效能。

你覺得跑步看起來很蠢嗎？那就用走的。其實，**光是走路就能讓你實現八五%的目標。你可以走路，走到沒有人的地方、完全獨處時再開始跑**。跑一跑遇到人或車就再用走的。當你越來越有自信，跑步的時間就會變長。

有時候，光是用想的就能運動。我有個私人健身教練朋友，身材很健美，他首次挑戰鐵人三項的訓練非常順利。當他進入訓練最後三個月階段時，開始提高訓練量。然而，他在騎腳踏車時被車撞，出院後醫生告訴他要休息三個月，因為他身上有太多傷，需要時間癒合。而在那之後的三個月，他花了許多時間泡在浴缸裡，交替使用浴鹽和冰浴。

他就此放棄準備這一生中最重大的比賽嗎？錯了，在家中休養的那三個月，他每天都會想像比賽的每一哩路，甚至想像訓練的過程。比賽前一週，他做了一些非常輕鬆的動作，簡單跑了一下、游泳、騎腳踏車，就這樣！他還是完成了鐵人三項的比賽，而且對他所花的時間感到很滿意。

此外，你也可以**善用「祕密運動」健身**。你的想像可能是這樣：在凌晨四點出門，趁著孩子還沒醒來前先去跑步。但這是「偷偷」運動，不是「祕密」。**祕密運動是指你的日常活動**。你每天的活動量可能遠比你想的還要多，你不是從零開始。所以，開始運動這件事，並沒有想像的那麼困難。

你可以想一下，你日常生活中是否會做這些事：**舉重物、站著做菜、排隊、抱著要洗的衣物和玩具上下樓、遛狗、走來走去處理雜事**。

這些都是很隱祕的運動，所以你往往不把它們當成運動，但這些日常活動都表示你並不是完全沒有運動。所以，請重新設定你對運動的想法。

每次從椅子上站起來，就像做了半蹲，你只要刻意重複站起來就好；走路是最容易被低估的運動，其實它是非常安全的有氧運動，還能紓壓，你可以稍微拉長走路的距離，或是快步走去開車，盡可能多走一點；小心舉起重物，並重複做這件事。如果你想要更有組織的運動，可以參考我設計的手機應用程式，裡面有一些可以在十分鐘以內完成的全身運動[4]。

你可以把這當成開始的基礎。**你需要好好照顧自己的身體，才不會因為健康**

出問題，而阻礙你進入人生最棒的階段。試著想想看：**接受治療、休息一整年的代價，你能夠承受嗎？**所以，現在就開始運動，為接下來的人生做好準備。

此外，你可以用一些工具追蹤自己的運動計畫，以下是我使用過的：

一、我用 Oura Ring 智慧戒指記錄我的睡眠、運動平衡、壓力及體溫。它會追蹤你的平均值，並告訴你放輕鬆，才不會生病。如果你平常不喜歡戴配件，也可以只在運動時戴 Oura 追蹤你的心跳速率。

二、用ＭＡＦ訓練方法計算我的最大心率及含氧量範圍[5]。

三、我會用 Garmin 手錶追蹤心率，以及運動時的海拔高度和全球衛星定位。我建議從 Forerunner 系列開始。而如果你擔心在運動過程中迷路，Fēnix 系列有個「返回開始」功能。Enduro 系列也有這個功能，而且這系列在長距離跋涉時可以撐

4　艾美・索別斯基，My10Min App，https://myhealth.my10min.com/。

5　菲爾・馬佛東，〈MAF 180 公式：監測心率，實現真正的有氧訓練〉（*The MAF 180 Formula: Heart-rate monitoring for real aerobic training*），ＭＡＦ，二〇一五年五月六日，https://philmaffetone.com/180-formula/。

好幾天不用充電。

四、我跑步時會穿 Altra Running 的跑步鞋，這款鞋是零足跟差，而且腳趾空間很寬。大部分的跑者會穿 Altra 或 Hoka，你可以兩種都試試看。我通常會穿 Altra Lone Peak（緩衝空間適度）和 Olympus（最大緩衝空間）跑步。

健康的關鍵：多吃原型食物

很少人會談到這個營養的關鍵：盡可能降低皮質醇。聽到這裡，你可能會問：「我沒有吃皮質醇吧？我在食品營養成分標籤上從沒看過。那是什麼？」皮質醇是壓力荷爾蒙，會影響你想要吃的食物類型，以及這些熱量進入體內後的處理方式。

當你感受到的壓力越大，體內的皮質醇就會越多。而當皮質醇含量越高，身體就會囤積越多脂肪，你就會更想吃糖和碳水化合物。

想要降低皮質醇嗎？**深呼吸、放輕鬆、補充睡眠，就是在降低皮質醇**。還記得你上次度假是什麼時候嗎？度假時，你明明吃得更多卻沒有變胖，而且身體的感受更好，就是因為當時你體內的皮質醇比較低。

就營養來說，我並沒有特別認同生酮飲食。當我一週工作八十至一百小時的時候，我完全不喝酒。肝臟是消炎的器官，不要再給它過濾酒精的負擔了。至於碳水化合物，尤其是糖，我的攝取量都是最低的——因為我們的身體不會處理糖。完全不吃糖和加工食品的健康飲食，可以讓我們的身體達到八五%的健康狀況。

重點就是，不要吃糖、吃原型食物。在你需要時，這些養分可以給你所有需要的耐力和專注力。

我曾讀過八十本營養學的書，而且一輩子都在調整我的營養需求，接下來我要告訴你的是這些經驗的濃縮精華。

首先，**別吃「壞」食物，像是糖、加工食品、種子類油脂、速食，還有你可能濫用的藥物（例如酒和尼古丁）**。壞食物會對我們造成雙重傷害：第一重是身體在處理這些食物時造成的發炎反應，第二重是這種食物帶進我們體內的毒素。

我們先來看看糖。精製糖是一種化學物品，不是食品。精製糖會造成心臟病、肥胖和許多健康問題，而且對你造成的傷害可能比吸菸還要大。精製糖會阻礙養分的吸收、降低你的活力，讓你產生對甜食忽高忽低的渴望，進而削弱你的意志。糖對你的身體和意志會造成很大的傷害，長期下來會威脅你的事業。只要不吃糖，你就會看到變化。

第二步，**盡可能多吃原型食物，這樣可以減少你攝取的糖分，還能減少攝入防腐劑、化學品及你從沒聽過的有害物質**，包括一大堆吃進體內害你生病卻不知道原因的東西。這麼做也可以完全排除用來處理食物的有害化學物質，例如小麥製品裡的除草劑。盡可能在家自己作菜，避免吃速食或在餐廳用餐——誰知道他們到底在食物裡放了什麼，讓你一直想吃那些東西。你必須掌控自己吃的食物，知道自己到底吃了些什麼。

我四十五歲才開始學做菜，而我建議你早點開始。做菜比我想的還要有趣，也容易得多。你正在讀這本書，就表示你既聰明又能幹，一定可以找到快速準備健康餐點的方法，而你會從中獲得樂趣，就像我一樣。

如果我想學做新的餐點，我會上網搜尋，並加上「簡易」這個關鍵字。我做菜通常不超過十五分鐘，但我還是能像女王一樣吃得很豐盛。你一定也可以。

原型食物可以幫助你更容易控制及改善你體內的微生物叢。你的身體有內在的生態系統，你必須保護它，才能達到最佳的健康狀態和功能。這就好像是用核反應爐為自己發電，或是有個吸水沼澤不斷把你的精力榨乾。吃比較沒有化學品的健康食物，你就會看到對健康的幫助。八〇%的美國人都有一些腸道問題，主要是因為吃進去的食物。控制你吃進體內的食物，就能維持身體的健康和保持最佳狀態。

第三步，加入額外的支援。營養補充品無法彌補不良的飲食，但如果原型食物來自貧瘠的土壤，營養補充品則能有幫助。尤其是益生菌和益生元，可以幫助你的腸道運作得更好：益生菌是加入到你腸道裡的細菌，益生元則是給腸道細菌吃的纖維質。

如果你花時間了解這兩種消化健康的知識，你會發現每天讓你不舒服的事都消失了。更好的是，九五%的血清素（滿足感的神經傳導物質）受器都在我們的腸道內，而不是在大腦裡。實驗顯示，一天食用兩次充滿益生菌的優格，只要持續兩週，受試者對實驗中提供的照片會有更正面、樂觀的解讀[6]。

---

6 瑞秋・尚波（Rachel Champeau），〈加州大學洛杉磯分校研究顯示，藉由飲食改變腸道細菌能影響大腦功能〉（*Changing gut bacteria through diet affects brain function, UCLA study shows*），加州大學洛杉磯分校，二〇一三年五月二十八日，https://newsroom.ucla.edu/releases/changing-gut-bacteria-through-245617。

至於營養補充品，請查看你所在地區缺乏的營養，並嘗試不同的營養品、觀察哪一些對你有幫助。就我而言，我喜歡維他命B群、維他命D、鎂、薑黃、磷蝦油和輔酶Q10。

當你開始維持乾淨飲食、增加比較好的食物，並且補充不足的營養，你對自己身體的感覺就會比絕大多數的人還要好。你多做的努力會讓你的身體變得更健康，讓你的壽命比別人更長、感覺更好。

健康的基礎固然重要，但獨自「實現目標」也沒有什麼意義。可是你很忙，為了事業得長時間工作、暫停拓展人脈、四處尋找先機。誰有空和朋友無止境閒聊？

五分鐘深度對話，還是三小時喝酒應酬？

你覺得自己總是匆匆忙忙，總是在追趕時間。請提醒自己：放慢腳步，暫停一下，深呼吸。

不要把人生變成沒完沒了的待辦事項清單，享受一下零碎的時間。只要投入一點精力和注意力，瑣碎時間能帶給你很大的回報。**五分鐘、十分鐘或是二十分鐘與人深度對話，所有的注意力、好奇心和問題都集中在一個人身上，可以讓你和對方建立起更牢固的關係。**

相較之下，**應酬雖然也可以達到相同目標，但你得花好幾個小時、喝很多酒。**在應酬場合，人們花費很多時間，以為自己跟在場每個人「拓展人脈」，事實上他們根本沒有親近任何人。如果你沒有放慢腳步、花時間專注，就不會達到你想要的成果。如果你讓別人認為你不願意好好陪著他們，而是要他們花好幾個小時才能認識你，高效能的人（以及親近好友、終生伴侶）可能就會避開像你這樣的人。

你在本章前面學到了拓展人脈的基礎。人們普遍認為，他們必須刻意為對方做一些事，才能與之建立起良好關係，不論對方是交往的對象或是商界友人。

大錯特錯。**重要的不是刻意的行為，而是零碎時間的相處。**

《愛是正能量，不練習，會消失！》（*Love 2.0*）一書中，作者芭芭拉．佛列德里克森（Barbara Fredrickson）指出，**愛就是在零碎的時間裡專注面對某個人，並給他們百分之百的愛、相處及關心。而這些零碎的時間會累積，就像銀行帳戶裡的存款。**每一次相處，一致、專注的時刻很重要——柯林頓就是箇中高手。

因為我們大腦杏仁核的運作以及生物天性，與他人關係好壞深深影響我們的生存。小嬰兒若沒有和人往來，就會有生命危險。所以，當你有時間好好和人相處，就應該非常專注在對方身上。這些零碎時間就是你在商業界拓展人脈、和朋友及家人相處時，短時間內強化關係的方式。

心理學家約翰·高特曼（John Gottman）的工作是判斷婚姻是否已經結束——當一方用鄙視的口吻談論另一方時。就算只是一句話，也看得出來婚姻結束了，雙方已經遠離彼此。那些仍在一起的夫妻，都知道不需要刻意為對方做什麼事，他們真正需要的是專心面對彼此，和對方說話時，彷彿屋子裡、甚至全世界就只有他們兩人。

只要花二十秒鐘認真對待某個人，把你的注意力完全放在對方身上，效果比花六十分鐘相處卻心不在焉還要來得更好。

若要善用零碎時刻，就要改善並運用你聊天的技巧。放慢腳步和人相處，你就能更快和對方建立起良好的關係。以下就是幫助我放慢腳步，並讓零碎時刻的談話發揮出最大效用的方法。

暫停的力量

傾聽分為三個層級：

第一層：想一想自己，以及你要如何回應對方說的話，並等待對方把話說完。

第二層：對和你說話的人展現興趣，並提出深入的後續問題。

第三層：感受你們之間的能量。你們之間的距離是拉近了還是變得疏遠，以及你要如何提出問題、建立起更親近的關係？[7]

人的天性就是會專注於自己及生存，所以我們在傾聽時很自然就停留在第一層。你是否認識某個很善於聊天的人，因為他會問你很好的問題，讓你感到自在、覺得被重視？這種人就是了解傾聽的第二及第三層。大部分的人需要練習，才能進入第二和第三層，但這種練習是值得的，因為第二和第三層能讓你在對話時拉近與

---

7 馬克・里斯特（Mark Lister），〈傾聽的三個層級〉（*The Three Levels of Listening*），Co-Active Blog，二〇二三年十一月三十日，https://coactive.com/resources/blogs/levels-of-listening。

對方的距離。

此外，你也需要知道為什麼你要說話，而不是聽別人說話。當你覺得自己想要打斷對方，並分享一件「不能等」的事情時，請先暫停，並問自己：

「等一下，我說話是為了什麼？」

如果你想要親近對方，就不要說話，而是讓對方說話——問對方問題，讓他說。**當你說話時，傳達出的訊息的是「我感興趣的對象是我自己」，這樣你無法真正親近對方**。

我發現，有時候我說話是因為寂寞。我喜歡被別人注意，享受別人傾聽的那種感受。我會說很久，超過自然的狀態，就只為了抓住那種感覺。但這麼做就會讓談話變成演講，有時甚至更糟，簡直像對對方傾倒垃圾！

你得停下來，並重新思考：所有互動都是為了親近彼此。當你表現出想了解和你說話的人，並且給對方空間，就能親近對方。在理想的世界中，對方也會回報你的善意，並聽你說話。

如果對方不停下來，或是不聽你說話該怎麼辦呢？如果對方打斷你說話呢？如果對方霸占你創造的對話空間該怎麼辦呢？就算對方搶著說話，你也要給他空間、提出問題，並且直視對方。這麼做，你所建立起的關係會比你一直說話來得更強。

下次當你感覺想要插話時，請停下來，數到三十。給對方加倍的時間說話。就算你要暫停很久，久到感覺不舒服，也要暫停下來。**沉默有能讓你親近別人的強大力量**。暫停並讓對方把話說完，然後再暫停一下，讓雙方思考一下剛才發生的事，並分享兩人共同的立場和能量。

暫停、不要說話，感覺很尷尬嗎？嘗試練習之後是不是會感覺好一點？你的哪些朋友享受沉默的時刻，哪些朋友會在該沉默時一直說話？你比較喜歡和誰相處？你想要成為哪一個人？你應該成為哪一種傾聽的人，才能善用這些零碎的時刻以提升你的事業？

怎麼會、為什麼，會讓人起防禦心

是非題無法讓你親近他人，簡短、開放性的問題才能做到。所以，你的問題應該是「什麼」，而且問題的字數不要太多。

「怎麼會」或「為什麼」的問題，會讓人起防禦心。當然，「為什麼」是好問題，我們就是問「為什麼」來學習的。如果你想要對方描述一件事如何運作，當然可以問「怎麼會」，但你會得到冗長的回覆，反而不會讓對方親近你。

有些時候，我們的確會問是非題，藉以獲得明確的答覆。但如果你的目的是親近對方，就應該盡量避免「為什麼」以及「怎麼會」這樣的問題。如果你說：「你為什麼要這樣做？」對方會堅持自己的理由，因為他對這個問題已經有了防禦心。（其實，問「什麼」也可能會讓對方產生防禦心，例如：「你的腦袋在想什麼？」這跟問題有關——沒有任何原則是絕對的！）

請提出會讓對方對你放下戒心的問題，可以多使用以下的問句：

- 你注意到／感覺到什麼？
- 發生了什麼事？
- 你接下來有什麼目標？
- 還有什麼？
- 什麼事情令你感到意外？
- 那是什麼感覺／是什麼樣子？

- 你學到什麼？
- 你可以做些什麼？
- 你想要什麼／想要做什麼？
- 你對什麼事感到自豪？
- 什麼事（對你來說）很困難／容易？
- 你會有什麼不同的做法？
- 你更清楚、了解的事是什麼？
- 你需要什麼？
- 有什麼不同？
- 重要的是什麼？
- 你怎麼辦到的？（還記得吧？沒有原則是絕對的！）

這些問題看來簡單明瞭，你可能會覺得，絕對不能在商界或是和親友聊天時提出這些問題。但是，當你試著問對方這些問題，你就會發現驚人的結果。

當講師訓練人們成為主動傾聽者時，他們會訓練聰明人問蠢問題。其實，提出基本問題是一種超能力，需要你以開放的心胸、初學者的心態過生活。問蠢問題代表你要把一個複雜的概念拿到燈光下，提出一個看似簡單卻不容易回答的問題。

你必須接受自己無法控制對方會說出什麼話，而我的很多客戶都說，他們很難接受失去這樣的控制權。但你得記得：**冗長、有引導性的問題只會惹惱對方**，這會讓他們必須再次解釋自己之前說過的話，才能說原本想要說的。

舉例來說，一些改變世界的基本問題包括：

- 也許是地球繞著太陽轉？
- 是什麼讓蘋果從樹上掉下來？
- 如果行李箱有輪子會如何？
- 也許地球是圓的？

當你提出問題後，對方會答覆。接下來呢？就隨著對方「起舞」吧。再問一個更深入的問題，並從對方的答覆中衍生出下一個問題（也就是之前提過的跳房子遊戲法）。別期望對方會給你某個特定的回答，你得繼續保持中立的態度。

換句話說，就是在乎和你說話的人。**別期望對方會以某種方式回答你，只要在乎能不能讓對方更親近你就好**。

當你對提問感到比較自在後，就可以開始使用「跳房子」遊戲的方法了：問兩個深入的問題，然後提出衍生性的問題（有關聯性，但不深入）。如此一來，你就能和對方建立起關係，但不會過於深入，也不會因為問了不合邏輯的問題而跳脫談話內容。首先，你必須精通提問的藝術。

這些問題非常重要。我以我的「兩次訪談的故事」為例來告訴你。

我曾在富國銀行（Wells Fargo）面試一個投資分析師的職位。兩位女性面試官想要以逛街買衣服的閒聊開場，但我一直把話題轉移到我如何選擇股票。她們覺得我沒有在聽她們說話，所以一直把話題轉回去。現在回頭看，如果當時我肯花個五分鐘和她們閒聊，而不是一直把話題轉走，我們可能就能早一點開始談股票的話題。結果，我沒有被錄取，我詢問原因，對方說因為我「不重視團隊合作」。

當然，一開始我很不服氣，但接著我回想那場面試的過程：那兩位女性面試我時，想要聊配色和春季時尚，但我打斷她們要聊的話題，我轉移她們想談的話題就是試圖取得控制權。因此她們覺得很煩，想把話題轉回去。也就是說，**我的行為等**

同是在和她們作戰，所以她們會覺得和我有距離感。

十五年後，我獲得歐本海默基金的面試機會，和公司的基金經理人及分析師面試。「你們希望分析師專注研究什麼？對你來說，好的股票有什麼條件？你如何升遷到現在的職位？」關於這最後一個問題，我已經事先做了研究，所以我可以問得更精確一點，例如問對方如何從化學工程轉行擔任基金經理人。

而當他們告訴我職業生涯的故事，我會再追問後續的問題：「真有意思，你學到最重要的事是什麼？」雖然我已經從他們的領英檔案知道他們的職業生涯了，但因為這個問題，我能得知更多他們的職涯過程。

我從《人性的弱點》（*How to Win Friends and Influence People*）一書中學到這個策略。「你的下一步是什麼？」、「你如何實現這個目標？」、「那是什麼情況？」這些都是很短、簡單的問題。這些感覺上只是很普通的問題，但聽起來很特別。當你在問對方時，提出的問題越短越好。那次面試，他們認為：「她是重視團隊的人。」接著我就被錄取了。

歐本海默基金的面試有十二場，面試時間超過六個小時，而我說話的時間全部加起來只有大約十分鐘。我離開時覺得他們對我一無所知，也不知道我的目標、我想要什麼。但這不是我的目的，我的目的是讓他們錄取我，我再決定要不要接受這份工作。

「如果我不說話，別人要怎麼了解我？」但這問題並不正確。你要做的是建立起溝通的橋梁。我在歐本海默十二場面試中的第一場，完全沒提到自己的事。我想要嘗試和富國銀行面試完全相反的情況。結果成功了，所以十二場面試我都這麼做。**我讓他們知道我是重視團隊的人，而且我會提出好問題，也在乎他們的回答。他們知道我是這樣的人，這樣的印象讓他們信任我。**

接下來，當你對暫停、保持好奇、很自然提出問題（而不是審問對方）都感到自在後，就可以開始運用進階技巧了。

進階技巧的警語：**當你處在有壓力的情況下時，把注意力集中在暫停、保持好奇和提出問題**。當你發現自己在閒談或是說個不停時，先暫停、表現出好奇，再繼續提出問題。只有當你把這些技巧練得很自在時，才可以運用進階技巧。

此外，不要問別人：「你知道什麼人能幫助我嗎？」應該要問：「我注意到你在前一間公司和喬（Joe）是同事，你能不能介紹我認識他？我想請教他，想要進去這樣的公司從事財務規畫與分析，需要取得哪些能力。」當你這麼問，就表示你事先研究過這個人可以如何幫助你。你是在清楚的表示，如果對方能幫你介紹這個人，你會知道該問這個人什麼問題，才不會浪費他的時間。

此外，我在拓展人脈那一段說過，一定要告訴和你見面的人，你需要占用他多少時間。就算對方和你聊得很愉快，也要在時間快到之前結束你們的談話。專業人士的一個特點就是，和別人相處時把對方當成宇宙的中心，彷彿你有很多時間聽他說話。但別因此就違反自己的承諾，占用對方更多的時間。重點是**尊重對方，並讓對方看到你展現的尊重**。

無論對方多厲害，你一定都能提供幫助

大學生對經驗豐富的專業人士來說，有什麼價值？但這正是你要找出來的。什麼事情會令他們感到痛苦？程式設計？系統？送禮物給兒子或女兒？你可以發揮創造力，而不會感覺起來像死纏爛打的恐怖情人。

我得到成為科技股分析師的機會，是因為我提供對方孩子的入學機會。我剛開始工作時，在農民保險公司（Farmer Insurance）管理公司債投資組合，並開始擔任

能源股分析師。我上級的上級（戴夫．艾本〔Dave Iben〕）離職自創公司，還把科技股分析師一併挖走。所以公司聘請了一位新的投資長。

我向他解釋為什麼應該考慮讓我擔任科技股分析師的職位。當時，他正在請人幫他安裝有四百個頻道的衛星電視，所以他揮手趕我走。他對老電影頻道的興趣，似乎比對商業新聞臺CNBC更高。我覺得以投資長身分來說，這是件很奇怪的事。

我後來又回去再提了一次。這次他開了一個玩笑，又叫我離開。我想我需要用不同的方法，因此我回想了一下他的觀點。他的家人仍住在東岸（而農民保險公司在西岸的洛杉磯）、他對電影的興趣似乎比對股票來得高，還有什麼其他事對他來說更重要？

我再度返回他的辦公室，但這次我準備好問題，而不是提議。他原本住在哪裡？他的家人何時會搬過來？他喜不喜歡這裡？他的家人如何？他對部門和策略有什麼願景？

而他根本沒回答有關工作的問題。他說太太對於搬家這件事感到很不滿，他來洛杉磯後心臟病發作，即使公司同意支付頭等艙的機票讓太太來探望他，她也不願意來；他的孩子們成績普通，他無法讓孩子進入太太選擇的學校就讀。

就是它！

我念的小學和中學是由保羅・康明斯（Paul Cummins，Crossroads School for Arts & Sciences 創辦人）所創立，他和我們家是世交和鄰居。因此，我打電話給保羅，保羅再打給好幾間學校的校長朋友，他們提供入學資格給那位投資長的孩子。孩子們的成績符合他們學校的入學資格，但已經招生滿額了，只能排候補。而我打的那通電話，幫助他們成功入學。我想，這應該能讓我和那位投資長建立起良好的關係。後來，當他和我更熟後，我就能向他建議讓我擔任科技股分析師的事。

我們討論他家人的情況兩週後，我走進一場投資會議，意外發現他宣布我是新任的科技股分析師。那份工作給了我三年的工作資歷，讓我在一九九九年得以創立和管理第一名的基金。

只要你開始嘗試，你會很意外發現**你可以為別人帶來價值**。但是，這如何幫你實現你的理財目標和事業抱負？

在工作領域，有新的工作時人們會先想到你，就算你沒有經驗也會給你機會。人們喜歡讓他們談論自己的人。

而**在家中，你和家人的關係會更好**，就算你工作的時間比大部分的人還要長。

重要的不是陪伴家人和朋友的時間長短，而是讓他們感覺受到重視。這就是你利用零碎的時間專注於對方所得到的成果，而不是花很多時間、跟某個人待在同一個地方，卻做著不同的事、不在乎彼此。十五分鐘深入、專注的往來，要比花兩個半小時邊聆聽、卻邊滑著手機，要來得更有意義。

先取得跑完人生馬拉松的動力

一本討論高薪事業途徑以及打造財富的書，一開始就要你放慢腳步、照顧自己的健康，看起來可能有點奇怪。但是，如果基礎沒打好，你就無法達到顛峰。你需要一個好的基礎，才能實現你想要達到的目標。

現在，你已經知道放慢腳步、拓展人脈和維持健康的好處了，你得多花一點時間拓展人脈、花點時間陪伴親友，以及照顧好自己的身體。我看過太多企業執行長專注於事業，而犧牲了健康，這麼做不會有好結果的。放慢腳步，花一點時間把自己長期的健康照顧到最好。

我想，許多讀者讀到這裡，獲得最重要的一課應該是「你可以放慢腳步」。也許你一直在等人告訴你，你可以暫停一下、喘一口氣。**許多人都覺得必須日以繼夜拚命實現目標，不要停止工作，但這麼做並不會讓你勝出，反而會讓你在總算成功的時刻，發現心理、生理或人際關係放棄了你，而此時正是你不能被放棄的時候。**

這就是你得放慢腳步的理由，先取得持續跑完人生這場馬拉松所需的動力。現在，你已經有了良好的基礎，可以開始談效能的部分了：你要如何發現所有人錯過的機會，以及如何善用這些機會、獲得最好的成果。

在這之前，先花點時間喘口氣，把你想要改進人脈、運動和營養的哪些部分都寫下來。

接著我們就出發吧。

| 第 3 章 |

開上快車道的祕訣：借力使力

放慢腳步，你就可以做重要的事。

每天運動一點，利用很短的時間和身旁的人相處。這就是你每天的行動模式。

但是，就算你為健康的身體和健全的人脈打好了基礎，你還是有可能會錯過你一直在等待的機會。怎麼說呢？我舉個例子。接下來我要談的這個人，雖然每天都運動，和每個人都很親近，人人都想再和她說話，但她從未建立一個強化人脈的制度，而錯失了以小搏大、借力使力的重要機會。

辛蒂（Cindy）在投資銀行工作，一天要開十場會議，她總是忙著列印同一份投資證券的簡報，發出去給機構投資人。但是，每個人都把她花了上百個小時所做的投資簡報丟掉。這麼做根本就是在浪費時間和紙張。

瑪麗（Marie）也在投資銀行工作，她給別人的則是名片。同時，她也會向出席每場會議的人要名片。瑪麗並不會直接用電子郵件聯絡對方，而是在商務社群網站領英上介紹自己。接著，她會將這些聯絡資訊加入她的客戶關係管理系統中，六至十二個月後再聯絡他們一次。

辛蒂和瑪麗的差別在於，瑪麗為自己打造了讓她一輩子都可以輕鬆借力使力的方法，而辛蒂做的每件事卻是白費力氣。這耗掉辛蒂所有的時間，卻沒有因此得到好處，因為她沒有蒐集資訊。

不蒐集資訊、擴展你的客戶關係管理系統，就是在浪費你的精力。**每個人都在提供資訊，但你得當接收資訊的那個人**。出席任何會議都向人要名片，把這些人加入你的客戶關係管理系統中，並在領英上接觸他們（不過，請先確定你工作的公司沒有禁止你這麼做）。也許你只是低階的銀行員或顧問，企業執行長不會給你名片，那你就記錄會議中每個人的名字，在領英上聯絡他們，並在你的客戶關係管理系統中註記你是怎麼認識對方的。

現在，你的客戶關係管理系統已經有兩百人了，包括企業執行長、投資組合經理人和避險基金的老闆這些決策者，當你需要他們時就可以使用這個系統。就算你現在沒有要賣東西給他們，也要馬上開始為你的客戶關係管理系統蒐集資料。

當然，你可能不需要為每一個情況都建立客戶關係管理系統，但我還是建議你這麼做，因為你永遠不會知道何時會派上用場。上網搜尋「最好的客戶關係管理系統」、查看網友的評語，找出對你來說有用的系統，但別花太多錢買企業用的B2B客戶關係管理系統。

就算只是一張試算表也可以，我在第二章提到的朋友就是這麼做的。對你來說有用、可以幫你節省找資訊的時間和精力最重要。這麼做，你就可以把時間專注在更重要的事上。雖然這套系統看來好像很麻煩又無聊，但它能幫助你提升至下一個層級。如果你不想錯過進入財富高速公路的匝道，就需要建立客戶關係管理系統。

找出能借力使力的機會

當你能控制獲利與虧損，或是控制著金流，這就是一個更有優勢的機會。如果你管理一檔創投基金、擁有避險基金，或是擔任企業的董事，你的決定可能會影響數以百萬計的人或數十億美元的資金。

無法讓你控制金錢的職位，則無法提供你如此大的優勢。我有些學員曾對我說，他們想離開未來能讓他們接觸到金流的工作，改做較快就能領到高薪的工作。聽了之後我只問：「你瘋了嗎？」

就算你現在能得到七位數收入的機會，但這也表示你拒絕了未來能領到八位數或九位數收入的機會。這樣一來，你根本無法實現夢想。這是在出賣自己的時間，十年後就會後悔。

你正在追求的是這種勞心勞力的機會嗎？如果你離開收入能增加十倍的工作，接受收入增加兩倍的工作，那你就跑錯棚了。你能得到的人脈機會完全不同，也不會有機會為對的人工作，你會困在死巷裡。如果你想要找的是能獲利的上坡道，就不該這麼做。

如果你總在練習一些無法用來推銷自己、讓自己有升遷機會的技能，就是無謂的耗費精力。我以只是把資料輸入到試算表，而不去認識資深的企業領袖為例來說明。當然，總得有人填寫資料，但你是否就此被成堆文件淹沒，找不到時間創造機會？如此，你便會錯過財富高速公路的匝道。

過去我在農民保險投資公司工作時，我的旅行社業務（網路時代以前，旅行的事都要靠旅行社業務）告訴我，她幫我和一位男同事預訂一樣的行程。雖然我們都是分析師，但我是去各大城市出席會議和研討會，而他則是飛到世界各地的頂級鄉村俱樂部，和企業執行長打高爾夫球。我們的工作內容相似，得到的資訊也一樣，但他不做填資料這種工作。

我的意思是，**你必須被人看見，你得專注於提升你的能見度，而不是迷失在工作的壕溝裡**。在你的職業生涯之中，**尋找各種能借力使力、以小搏大的機會**，表

示你要一直抬起頭來觀察。就像我給學員琳達的建議，一份工作至少要待滿一段時間，這樣你的履歷表才會好看，但不要花十年的時間埋頭苦幹。

你可以註冊 No Code MBA[8] 的課程，學習編寫應用程式、網站和其他東西。我會使用 Notion 和 Zapier 的軟體來組織並自動化我的工作，這樣一來我就不必重複任何事了。你可以找找看，你的公司允許你使用哪些外部工具。

當然，你不可能第一天上班就說：「我才不要做填寫資料這種事。」我的學員艾迪很聰明，他知道要如何執行通常會交給數學或電腦專長的人來做的迴歸分析。他不把時間花在輸入試算表和製作投影片，而是練習對他來說有用的技能，這讓艾迪超前同學好多年。

看看你目前的工作，哪些可以用系統做事

我二十二歲大學畢業後的第一份工作，是擔任民事訴訟律師助理。我一整天都在為簡報歸檔、交給打字員，等一、兩天後資料送回來。同時還有七位律師助理也在做一樣的事，所以我得用零食和別的東西賄賂打字員，請他們先幫我打字。

當時我知道，這麼多文書工作會讓我無法領先別人，所以我請老闆買一部蘋果電腦給我。接著，我翻閱了我手上所有的案件，發現它們幾乎都可以分成十個不同的類別，我便把這十種文件類別放進蘋果電腦裡，重新組織所有的檔案，這樣我就不必再請打字員打字了。

六個月內，我的老闆和我就得到一半的案件，剩下的由其他七位律師助理分擔處理。我們兩人的工作效率非常好，足以處理事務所一半的業務。

這件事令我覺醒。從那時開始，我就把以前花在編輯文件的時間，全部用在和老闆討論案件策略。結果，我們事務所的勝訴率是最高的。當年我才二十三歲。

你在任何工作、任何產業、任何年紀都可以這麼做。其他律師助理或其他投資銀行員是怎麼做的並不重要，你得找出能讓你節省時間的系統，讓你把時間用在更重要的工作上。你做的還是一樣的事，但方法聰明多了。

---

8 「學習網頁設計、應用程式開發與自動化。完全不需要寫程式」，No Code MBA，https://www.nocode.mba/。

你覺得自己老是在原地打轉，不知道接下來會如何嗎？這很正常，因為別人要你用固定的方法，做著不需要動腦的工作。你該打破這種思維，上網搜尋「在〇〇（這裡替換成你的工作）可使用的軟體」或是「〇〇（這裡替換成你的產業）的自動化」。就算你不想使用這些軟體，也要看一看它所使用的系統。

只要有人說：「這件事一直以來都是這麼做的。」就表示你可能有機會花更少時間、更有效率的做這件事。如果有必要，找你的直屬主管談談、請他允許你這麼做。告訴他這麼做能讓他獲得什麼，而不是說這麼做對你有什麼好處。

系統化能幫助你實現目標，這樣你才有機會登上金字塔的頂端，最好的機會都在那裡。看看你目前的工作中，有哪些事項可以使用系統來幫你做事，以減少你的工作量。而多出來的時間，將可以讓你未來的收入從七位數升到九位數。這個建議幫助我走上了我一路走來的道路，而你也可以將它應用在你所選擇的任何道路。你能得到幾乎任何你想要的任何工作，只要你是「對的人」，就算沒有「對的背景」也沒關係。

下一章，我們來看看你有哪些最好的選擇。

| 第 4 章 |

直上財富高速公路的五個事業

「借力使力、以小搏大，就是以一對多。」

我念研究所時，一位企業家和我分享這個祕密。以一對多，這就是解鎖真正財富的關鍵。

舉例來說，演藝人員只要花相同的心力，就能為一百個人，或上百萬人表演；創業投資家可以管理數十萬，甚至數十億美元的資金；一位企業執行長可以管理價值百萬或上兆美元的公司。這些都是**借力使力：一個人可以影響許多人，而且受影響的人數沒有上限**。如果你有這種能力，就試著讓自己獲得能影響最多金錢和人員的地位。

不要當孤獨的抗議者

我在大學時就已經見識過娛樂產業借力使力的例子。

這是我母親的故事：她是第一位贏得編劇工會電視劇本寫作終身成就獎的女性，也是史上最年輕的得主。她是最年輕的得主是因為她非常有才華，但早逝——大部分獲得終身成就獎的人，都是在事業最末期時獲得這項殊榮，大約是七、八十歲時。而我母親當時只有五十一歲。

卡蘿・索別斯基（Carol Sobieski）是位獨立的女性，比一般女性還要早數十年就獨立。她在一九六〇年代時是嬉皮（按：hippie，指一九六〇年代和一九七〇年代反抗習俗和當時政治的年輕人），也做了嬉皮會做的事：參與抗議。抗議者需要將人群聚集在一起，別人才能聽到他們的聲音。而當你反抗的對象是政府時，需要聚集數以百萬計的人。

你可以組織集會，或成為編劇並改變敘事觀點，以吸引別人看到你對新文化的願景。我母親在一九八〇年代時撰寫的電視節目《兩段婚姻》（*Two Marriages*），就是在改變人們的觀點，這是關於同一條街上面對面的兩間房子裡發生的故事。

第一個家庭是傳統的上班族爸爸和家庭主婦媽媽。他們的婚姻關係有階級，雙方不平等、溝通不良，所以孩子們也……客氣的說，不是好孩子。而對面家庭的爸爸媽媽一起工作，他們以愛和尊重平等對待彼此，家裡每個人都快樂和健康。

我母親讓美國觀眾看到，放棄過時的理想可以帶來嶄新和更公平的世界。她筆下獨立的女性，啟發一個興旺的家庭、養出身心健全的孩子，並且和男性一起打造更好的社會。

我母親運用寫作，以一對多的輸出她想要說的話，藉由電視將這些內心話傳達到廣大人們的腦海中，當時的人還無法意識到有這樣的事。

她的事業就是撰寫家庭和社會中強大的女性角色——《女人的房間》（*Women's Room*）、《女人的方向》（*Where the Ladies Go*）、《油炸綠番茄》（*Fried Green Tomatoes*）以及《樸素高䠷的莎拉》（*Sarah, Plain and Tall*）等，她的作品影響了數以百萬計的人，卻不是讓他們覺得自己是被迫相信的。他們只是看電視，長時間下來就吸收了她要傳達的訊息。

我母親是嬉皮，還有著能動搖數百萬人的本事，因為她放棄遊行抗議，轉向寫作。**不論你選擇什麼事業**，不論是我後續介紹的，或任何其他事業，**都不要當孤獨的抗議者。你要當那個寫作給數百萬人看的人，讓大家聽到你的聲音**。這就是借力使力。

讀了這些之後，你可能會想：「對啊，我想要借力使力，但我不想從政或成為知名的編劇、公共演說家。我不想要被數百萬人仔細檢視。」

其實，你不需要成為名人也能做到這件事。你可以配合自己的性格，獲得以一對多的優勢。我母親是內向型的人，從來不喜歡談論自己的事，但她得到借力使力的平臺，比任何公開演說家所吸引到的人和想法還要多——數百萬人歡迎她進入他們家的客廳。

她的工作仍然是按件計酬。但她具有以一對多的地位，因此當她開始要求掛名製作人時，她的身分就能創造財富。

我母親在編劇一段時間後，開始可以領取她所編劇的電影票房分潤。她在「執行製作」這個頭銜在好萊塢（Hollywood）還不流行時，就已經在領取執行製作的分潤金了。

現在很紅的電視節目，主角往往在拍攝幾季後，就能掛名執行製作人。這並不是因為他們要做的事更多，而是因為他們繼續參與演出對於該節目的成功非常重要。大家都知道，換掉當紅電視節目的主角風險很大，所以明星們會要求節目製作人的頭銜，並得到分潤。這不是別人給他們的，而是他們了解到自己的價值，談判得來額外的頭銜與收入。

如果要打造真正的財富，你就要做同樣的改變——**不只擁有很大的影響力，還要讓人知道，這樣才能把你的影響力化為金錢**。這就是創造財富真正的機會：**尋找借力使力的機會及取得所有權的時機**，而且你要儘早這麼做。

這個建議適用於本書五個以小搏大的事業途徑，以及其他任何事業。只要你在尋找這類的機會，就要早一點爭取所有權。這麼一來，就是將你所創造的觀眾變成錢，不論這個觀眾是獨角獸公司的員工、投資人，或節目的支持者。

本書會集中討論五個收入最高的（非娛樂產業）工作，包括工作和身為所有權人所賺到的錢。這些是我經驗最多的五種工作類型。

本書的假設前提是，你想成為企業家且對金融感興趣，你想成為企業創辦人或是董事會成員。不過，這不表示你必須在投資銀行工作，你可以在新創公司工作，接著進入創業投資。新創公司也是我會談到的其中一個起步的地方。

如果你想當朝九晚五的上班族、做安全的工作，可能不會從事本書中的任何一個工作，你不會得到多少借力使力的機會。只有極少數人在一間公司工作四十年後，能得到高階經理人職務，但這不是本書要談的事。

本書是要告訴你那些可以跳升的地方、進入財富高速公路的匝道，教你跳過一些步驟，並幫助你有目的的實現這件事。如果你對電影產業有興趣，本書提供的知識能讓你領先同業幾十年，因為你會得到在這個需要充滿熱情產業中，向上攀升的策略。如何跳到能借力使力的地位呢？請繼續讀下去。

當你有權力，才能得到所有權

從員工變成老闆的過程中，很多人會擔心，他們必須無償工作以換取（公司的）所有權。像這樣的安排很少會成功，且風險非常大。我唯一會建議無償工作的時候，就是如果你還很年輕，想要體驗這個產業，否則就算得到股權也不值得。

舉個例子來說明。當我母親在編寫《油炸綠番茄》時，他們協議讓她領取某個比例的票房分潤，這是為了避免有些電影公司高階主管在承諾獲利分潤時會耍的把戲。他們會捏造一大堆的開銷，表示他們沒有獲利，所以編劇一毛錢也拿不到。而我媽很清楚這種事。

《油炸綠番茄》電影原著小說作者芬妮．傅雷格（Fannie Flagg）不願賣出電影版權，除非她參與成為共同編劇。當她問我母親打算怎麼做時，我母親說：「妳可以掛名，但我獨立作業。我不會和妳一起寫。」芬妮也照做了。

電影上映前，我母親就過世了。導演說：「反正她都死了，誰會知道呢？」就把她的名字從編劇名單中刪除，改列芬妮．傅雷格為唯一編劇。他們將我母親寫好的劇本交給一、兩位文字編輯，並說這不是她寫的，因此導演決定不給她分潤。

我媽是知名編劇，曾提名奧斯卡獎（The Oscars）和艾美獎（Emmy Award），他們卻想坑我媽，只因為她過世了，不能為自己爭取利益。

這時，時任編劇工會主席大衛・林特斯（David Rintels）登場了。他是位多產的編劇，也得過電視編劇終身成就獎，同時他也是我母親的摯友。林特斯看了劇本的每一句話，比對我母親和芬妮・傅雷格的寫作風格。他為我們出庭作證，因此我們贏得了官司，電影製作方必須在至少一張海報上列出我母親的名字、將她列為編劇，並把分潤給她。

這是在業界已經有名聲的人發生的事。導演以為能把我母親徹底除名，導致我母親的朋友必須對他怒目相向。

還記得我說過，影集的演員在演出第一、二季時只能領到演出費的事嗎？當他們對節目的成敗很重要時，導演就不可能讓他們退出，演員也會掛名執行製作、領取額外的收入。這時，演員就會得到節目的所有權。

只有當你有權力時，才能得到所有權。別人不會那麼好心，他們給你所有權是因為怕你離開，而這就是你有價值的時候。

當我為老闆賺了兩千四百萬時就該這麼做。當時的情況對我有利，我有權決定接下來要怎麼做，不論是募資成立避險基金，或是為頂尖的矽谷科技公司工作。

這種時候你就要想：「我要借力使力。」接著你就能得到很好的合約和所有權。當別人根本不想付你錢，你也不會想要擁有所有權。

現在你已經知道借力使力和所有權了，接下來我們就來看一下五大事業途徑，以及如何在對的時機、對的產業選擇對的途徑。在後面的章節中，我們將深入探討每一個事業途徑，讓你知道如何達到最大的財富成果。

五條通往財富的道路

一定要分析你的事業途徑。這是你最重要的長期投資，所以你要知道自己的方向。知道你的目的地，以後就不會後悔。請及早描繪出你的事業途徑，以下是開始通往財富的道路：

一、擁有能輕鬆借力使力的地位（要與你的個人特質一致）。

二、必須在你能借力使力的產業中，擁有能輕鬆借力使力的地位。

三、在對的時機進入財富的上坡道，把握時機就是一切。

我們先來看看這五個能輕鬆借力使力的終極事業。

●**創業投資**：創業投資就是融資給新創公司和小型企業，試著找出投資長期成長潛力佳的公司[9]。視創業投資的規模、所在地和層級，起薪（薪資加紅利）可能在十萬至二十萬美元之間，升到中階（工作五年後）的薪資可以到四十至六十萬美元。你的終極目標是成為創業投資的合夥人或創辦人，這樣的地位可以讓你賺進數千萬至數十億美元（比爾．葛利〔Bill Gurley，創投公司Benchmark合夥人〕、馬克．安德里森、彼得．提爾的身價都高達數十億美元）。

●**私募股權**：私募股權就是直接投資未上市公司，或把上市公司的股票全數買進，把公司下市[10]。這與創投不同之處在於，這些被投資或被買下的公司已經成立了一段時間[11]。私募股權公司的初級職員平均收入約為二十二萬一千五百美元[12]。私募股權公司招募的都是在投資銀行有兩年工作經驗的人，一進公司的薪酬就比創投還要高，因為私募股權提供他們的薪酬，必須與投資銀行第三年員工的薪酬相等。

這個工作的終極目標是成為私募股權基金的合夥人或創辦人，成功的合夥人或創辦人收入可上看數千萬至數十億美元（《富比士》排行的億萬富豪中，有二十五位從事私募股權工作，包括黑石集團〔Blackstone〕、阿波羅全球管理公司〔Apollo Global Management〕、KKR等公司的創辦人[13]）。

---

9 亞當．海耶斯（Adam Hayes），〈創業投資：什麼是創業投資，以及它如何運作？〉（*Venture Capital: What Is VC and How Does It Work?*），Investopedia，最後更新於二〇二三年七月十五日，https://www.investopedia.com/terms/v/venturecapital.asp。

10 詹姆斯．陳（James Chen），〈以範例和投資方式解釋私募股權〉（*Private Equity Explained With Examples and Ways to Invest*），Investopedia，最後更新於二〇二三年三月三十一日，https://www.investopedia.com/terms/p/privateequity.asp。

11 〈私募股權與創業投資有什麼不同？〉（*Private Equity vs. Venture Capital: What's the Difference?*），Investopedia，最後更新於二〇二三年九月二十六日，https://www.investopedia.com/ask/answers/020415/what-difference-between-private-equity-and-venture-capital.asp。

12 私募股權合夥人薪資（Private Equity Associate Salary），Comparably，https://www.comparably.com/salaries/salaries-for-private-equity-associate。

13 〈私募股權領域中最富有的二十五人〉（*The 25 Richest People in Private Equity*），Raw Selection，二〇二一年四月二十二日，https://www.raw-selection.com/the-25-richest-people-in-private-equity/。

● **避險基金：**避險基金會大額投資於很多不同的產業[14]。避險基金經理人的薪資中位數約為二十二萬九千美元[15]。大部分的基金會支付最低薪資，並按照獲利支付分潤。過去我在避險基金工作時，薪資是十五萬美元，這是當時薪資最好的避險基金之一。他們會定期支付分析師數百萬美元，但這幾百萬的收入分為獲利分潤和紅利。現在能力好的技術分析師一年能賺一百萬美元，或甚至更多，但「薪資」組成還是很低。

這份工作的終極目標是成為避險基金的合夥人或創辦人，因為成立自己的基金（或成為管理者），整個事業生涯可以領到數億、數十億美元的收入。傳統避險基金事業已經變得更機構化了，所以想要有所成就的人可以專注於比較新的領域，例如加密貨幣，這種領域的客戶（有限合夥人）仍願意為你的專業能力付錢，而且這種領域比較不能「買指數就好」，以避免支付高額的避險基金費用。

● **創辦人／高階經理人（頭銜為「〇〇長」）：**創辦人是成立公司的人，企業最高階的經理人就像是執行長、財務長等[16]。視職位而定，薪資中位數可能高達七十五萬四千七百美元（執行長），最低也有二十一萬七千一百四十美元（資安長〔CISO〕）[17]。這些薪資平均包括上市公司在內，但上市公司不是能讓你的財富大增的方式。**終極目標是成為首次公開發行新股的獨角獸公司創辦人或高階經理人，而且要在上市前就進入公司**。這種例子很多，例如幾位世界首富：亞馬遜的傑夫・貝佐斯（Jeff Bezos）、微軟的比爾・蓋茲（Bill Gates）、谷歌的賴瑞・佩吉（Larry Page）和謝爾蓋・布林（Sergey Brin）。

● **企業董事**：董事會是上市公司由股東票選出來的管理人，他們會定期開會，設定公司的合併與投資路線。董事會成員的薪酬主要是股票選擇權（按：在合約到

---

14 沙姆・蓋德（Sham Gad），〈什麼是避險基金？〉（*What Are Hedge Funds?*），最後更新於二〇二三年七月二日，https://www.investopedia.com/articles/investing/102113/what-are-hedge-funds.asp。

15 〈避險基金經理人賺多少錢？〉（*How much does a Hedge Fund Manager make?*），Glassdoor，最後更新於二〇二三年九月十日，https://www.glassdoor.com/Salaries/hedge-fund-manager-sala-ry-SRCH_KO0,18.htm。

16 安德魯・布羅門塔爾（Andrew Bloomenthal），〈什麼是高階經理人？含義和職位定義〉（*What is the C Suite?: Meaning and Positions Defined*），Investopedia，最後更新於二〇二三年三月二十八日，https://www.investopedia.com/terms/c/c-suite.asp。

17 〈他們賺多少錢？高階經理人的薪資明細〉（*How Much Do They Make? Breaking Down Salaries of the C-Suite*），Salary.com，https://www.salary.com/articles/salaries-for-7-chiefs-of-the-c-suite/。

期日當天或之前，以規定價格買進或賣出預定數量的公司股票之權利），因此要視公司的價值而定，當公司價值越高，薪酬就越高，從年薪數百萬到數億美元不等。

終極目標是成為多間首次發行新股的獨角獸公司董事。如果你在公司上市前，就加入一、兩年，而你的經驗豐富、是熱門產業的熱門公司爭相邀請的董事，你領到的股票選擇權可能介於五百萬至一千兩百萬美元，而且每年會有更多選擇權，當公司上市時，你的一千萬或兩千萬美元的股票選擇權，就會變成四千萬至八千萬，或更高價值。

加入董事會的好處在於，你可以同時在多間公司擔任董事，提高你成功的機會，如果其中有一間成功了，就能身在多間公司的董事會，同時賺這麼多錢。

關於這五種角色你需要記住的是，小型企業的數目比大型企業多，微小的一人創投公司比大型創投多，微小的兩、三人公司且自稱「私募股權」要比大型私募股權基金來得多。還要記住的是，這些工作的薪酬設計都是以節稅為目的，所以你的薪水可能很低，你的薪酬絕大多數來自股權或是獲利分潤，企業會把股權留在公司，而不會賣掉部分持股來支付你的績效費用。你要支付的是資本利得稅，稅金比

5 條通往財富的道路

事業	內容	薪酬（包含薪資、紅利、分潤、股票選擇權等）
創業投資	融資給新創公司和小型企業，找出具有長期成長潛力的公司。	起薪約 10 萬至 20 萬美元。 成為合夥人或創辦人，可賺進數千萬至上億美元。
私募股權	直接投資未上市公司，或全數買進上市公司的股票（讓公司下市）。	起薪約 22 萬 1,500 美元。 成為合夥人或創辦人，收入上看數千萬至數十億美元。
避險基金	為個人或機構投資人服務，大額投資於很多不同的產業。	薪資中位數約 22 萬 9,000 美元，另有數百萬美元的獲利分潤和紅利。 成為合夥人或創辦人，可領到數億、數十億美元。
創辦人／高階經理人	創辦人是成立公司的人；企業高階經理人則是執行長、財務長等職位。	薪資中位數約在 21 萬 140 美元至 75 萬 4,700 美元（視職位而定）。 終極目標是成為獨角獸公司創辦人或高階經理人，且在上市前就進入公司。
企業董事	上市公司由股東票選出來的管理人，定期開會、設定公司的合併與投資路線。	薪酬主要是股票選擇權，視公司價值而定，年薪在數百萬至數億美元不等（可同時在多間公司擔任董事）。

較低，而不是較高的一般所得稅。

如果你上Glassdoor或其他網站尋找平均薪資的資訊，這些數字反映的是所有企業的薪資最低化策略。事實是，股權價值在當下很難衡量，而統計上來說，這個數字是包括成千上萬個付不出薪資的微小企業，而計算出來的平均值。

另一個要記住的是，這些職務都會受到經濟景氣循環的影響。別擔心衰退，要注意你進入的時機點，並加碼你的投資。試著在景氣衰退時進入，這樣你就能利用經濟景氣、薪資和商業週期的浪潮，獲得更大的財富。

還要記住一點，這些職務都不是某個產業特有的（但前三個是金融業）。你可以是專長在科技新創公司的創業投資家，或是從事電視節目製作的私募股權基金經理人，或者你也可以是投資這些產業的避險基金合夥人。

這些職務都有一個共同點：全都是以一對多。只要選擇一個符合你性格的職務。你喜歡善用人們的潛力和想法嗎？創業投資可能適合你。你想要親自參與公司的工作？也許你可以在高槓桿產業中創辦一間公司。

從現在開始想一想，你需要哪些技能，才能有所成就。開始和能讓你進入那個事業途徑的人脈交流，接著進入你想要從事的職務。當你建立人脈和工作時，想一想哪些步驟能讓你更接近財富。舉例來說，**一間公司的業務比會計更接近金流**。這聽起來很反直覺，但其實並非如此。

金流透過業務進入公司，會計只是把金流記錄下來（但這並不是說會計有什麼不好）。公司的價值是根據業務量和業務量的成長倍數來計算，所以業務員（面對客戶、面對前線或櫃檯）領到的薪資，比辦公室裡的行政人員還要多。在投資界，決定要買哪些股票或公司，以及根據他們選股的投資紀錄帶來好客戶的人，領到的薪資會比資歷一樣多的風險管理或會計人員還要多（這些分別稱為中間部門和後端部門）。而投資管理界領到最多錢的人是誰？就是公司的老闆。你要成為這種金流中的公司所有權人。

有些人大學一畢業就選擇好事業，並描繪好路線，但你不需要這麼做。**大部分的人都是邊做邊決定**。不過，這並不表示你會錯過機會，條條大路通羅馬，而這些是比較常見的路。舉例來說，你可能要選擇在頂尖企業裡不怎麼樣的工作，或是接受第二級企業比較好的工作。

假設你想進入投資銀行。你得到了高盛銀行財富管理的職務，以及鑰匙銀行（KeyBank）投資銀行的職務。鑰匙銀行不是龐大的投資銀行，但如果你進了這間銀行，並幫公司贏得一些交易，之後就有機會進入私募股權基金或創投公司。

如果你選擇到高盛擔任財富管理，你的投資銀行事業可能就結束了。不過，你可以改正這個錯誤，或換個事業。我以前是馴馬師，接著用我的ＭＢＡ學位轉行進入投資管理。如果你覺得困在財務管理的工作，並認為投資銀行才是你的使命，最好的辦法之一就是取得ＭＢＡ學位以轉換跑道。

後續的章節中，將探討如何進入這五種工作。現在，你已經大致知道自己想做的工作了，我們就來看看最適合你的產業。

公司要的是價值，不是你花多少時間

當我取得ＭＢＡ學位後，某次面試一份工作時，一位避險基金的經理人對我說：「只要把你的時間專注於能借力使力的地方就好。」

哪些職務是能借力使力的工作？記住，借力使力就是以一對多。一位執行長可以管理五萬或五十億美元的公司，一位基金經理人可以管理一千萬或一百億美元的資金，而他們所付出的心力都是一樣的。

你為什麼需要借力使力？**為了實現相當的財富水準，你需要以你為公司帶來的價值領取薪酬，而不是你花了多少時間**。你需要借助你的專業能力所帶來的價值，以獲得最高報酬。如果你可以提升自己的價值，就可以幾乎不費力的增加收入。

舉例來說，如果你是位有影響力的投資銀行員，你就能影響會造成市場變化的交易。你得到的報酬就是交易規模一定比例的金額，而不是你花了多少時間在促成這筆交易。再舉一個例子，如果很多人爭相邀請你加入他們的董事會，他們就會支付你數百萬美元加入董事會，因為你的加入代表你對他們有信心，且可以讓公司市值提高數千萬美元，或甚至更多。你也許能幫助公司談成更有吸引力的交易。

標準能輕鬆借力使力的產業，包括金融服務業、科技業和娛樂產業，這些產業都是以一對多的結構。

金融服務業包括券商、創投、私募股權、避險基金及資金管理，可能要管理數百萬、數十億或甚至數兆美元資金。而在這個產業中，標準借力使力的職務則包括合夥人、老闆，或是投資組合經理人。

科技、軟體、平臺、網路業務和加密貨幣可能有數百萬的使用者。你可以想一想社群媒體或是知名的商務平臺（例如賽富時）。這個產業能輕鬆借力使力的職務不是合夥人或投資組合經理人，而是創辦人、執行長和老闆／投資人。

至於娛樂產業，我們已經談過電視節目的觀眾可能有數百萬人，而演員可以談判他們的所有權價值。這個產業的借力使力點，就是他們的才能。

有人請我的一位創業投資業友人投資一齣音樂劇，因為他們找不到足夠的資金。而他答應投資，並成為「執行製作」（意思就是「投資人」）。雖然他在生物科技產業三十年的創投合夥非常成功，但他說投資《澤西男孩》（*Jersey Boys*，二〇〇五年正式上演的百老匯音樂劇）仍是他報酬率最高的一筆投資。

此外，某些產業的業務也可以是高槓桿的職務。

至於你要如何選擇事業途徑？你可以用三個簡單的步驟：

一、分析及尋找可持續高獲利與高成長的產業。**可持續的高獲利與高成長，反映的是強勁的長期需求。**

二、尋找與你的興趣、強項和弱點相符的產業特性。

三、在高槓桿的產業中，尋找公司特定借力使力的利基，也就是讓這個產業或公司成功的主因，學習並熟練相關技能。或許你會認為，編寫程式碼是某平臺借力使力的利基，但他們要編寫的程式碼可能和行為心理學有關，所以學習心理學可能才是關鍵。

時機就是一切，但不能光靠好運

如果我是在一九九五年念研究所，而不是一九九二年，會發生什麼事？

要回答這個假設的問題，就要先看一看我當時做了哪些事。我在一九九四年畢業。從一九九六年至一九九八年，我在牛市期間，在農民保險公司工作了三年。一九九八年秋季，我在史上最強勁的牛市期間，推出尼可拉斯艾波蓋特全球科技基金（我要公開聲明，一九九九年科技股上漲一五〇%）。一九九九年十一月，我加入頂尖的避險基金，在二〇〇〇年至二〇〇三年熊市期間放空股票。

如果我是在三年後才做這些事會如何？我會在一九九七年畢業，接著一九九八年至二〇〇〇年在農民保險公司工作三年，在這個大幅成長的時期，農民保險公司著重於合理的價格成長（growth at a reasonable price，縮寫為GARP）投資風格。這麼一來，我的投資績效可能會落後於大盤。二〇〇〇年秋季，我會在科技股史上最嚴重的熊市開始時，推出只做多的科技股。

說實話，如果那時我沒有得到那份工作，我就不會有機會在二〇〇一年十一月進入避險基金工作，連續幾年績效不佳就不會有這種機會。

一想到可能的結果，我就不禁打個寒顫。農民保險公司重視的是合理的價格成長，若在一九九八年至二〇〇〇年，那種投資風格會讓我的投資績效不佳，因為當時是由網路股帶動市場上漲。積極成長的公司在熊市期間推出科技股基金，結果可能會是災難性的投資績效。但我在一九九八年推出我的科技基金，在一九九九年乘著網路的熱潮，然後在一九九九年底轉進避險基金放空科技股。

我寧可自己是運氣好，而不是聰明！但是，你不能一直靠運氣，所以必須思考。以下是把握時機的方法：

- **研究週期**：經濟週期、產品週期、小週期和微週期。
- 觀察突破是如何發生的，包括學術界、軍事和商業界。
- 問問自己，**有什麼是很久以前就已經改變（現在已經成熟）的產業，並和現在正在改變的（或很快就會轉變的）相比較**。想一想，最需要解決的問題是什麼。

許許多多的富豪是在這些時機點上發跡，這並不是巧合。

賴瑞．艾利森（Larry Ellison，甲骨文公司〔Oracle〕共同創辦人和董事長）和比爾．蓋茲相差十一歲。兩人都從大學輟學，投入他們看到的新興大趨勢。世界上沒有第二個比爾．蓋茲，沒有機會創造第二個微軟。蘋果試過，但失敗了，只成為很厲害的第二名。至少是在史帝夫．賈伯斯（Steve Jobs）帶著 iPhone 從後門進場後，才成為很厲害的第二名。

或是觀察資料庫。當公司開始使用資料庫，競爭者就出現了，但沒有人能和已經存在的甲骨文匹敵，而且換掉甲骨文會令公司很痛苦。競爭者雖然來了，但也失敗坐收。

不必當第一人，後來居上也有優勢

全新的產業需要花很長時間才會出現，久到你可能已經把錢燒光，才看到你要找的東西。第一名的公司是怎麼辦到的？

國際商業機器公司（International Business Machines Corporation，縮寫為

ＩＢＭ）比微軟還要早開始開發軟體。比爾．蓋茲只是把軟硬體分開。接著，他說服ＩＢＭ讓微軟為它開發軟體，再賣給別人。他只靠一紙合約的規定，就開創個人電腦產業！別忘了，比爾．蓋茲的父親是律師。

微軟著重於作業系統、文字處理和試算表。WordStar（按：文書處理軟體，在一九八〇年代具主導地位，但在一九九〇年代後期的地位已被微軟 Word 超越）也開發文字處理程式，但微軟把軟體結合公司真正的資產：作業系統。雖然ＩＢＭ請微軟開發軟體，卻仍允許他們將文字處理程式賣給其他人。

蓋茲進入產業的時間夠晚，讓他可以看到問題在哪裡；但同時他進入的時間也夠早，可以提供充分改進後的產品給顧客，接著獨占整個產業。

在甲骨文以前，資料庫都是由ＩＢＭ和王安電腦（Wang）建立，而微軟是後來才想到要建資料庫。甲骨文就這樣贏得市場。蓋茲和艾利森是在一九七〇年代開始的，未來呢？網路的規模和作用，使得及早進入市場變得很重要。

以馬克．安德里森為例。生於一九七一年的安德里森在大學攻讀電腦科學時，開發了 Mosaic 瀏覽器（網景）。現在，他是全世界最有影響力的創業投資家。

就連網路也充滿後來居上的人。

網站如雨後春筍般出現，想要找到自己要的資訊變得很困難。大部分的系統和雅虎（Yahoo!）一樣，使用人類索引和編輯。而谷歌使用數學的力量，在便宜、互聯的電腦上執行，將網頁排名，並預測使用者輸入搜尋關鍵字時最想要的答案。

谷歌就是後來居上的例子。他們出現的時間夠早，未來還有很大的成長空間，但進入市場的時間夠晚，可以從其他人的錯誤中學習。現在已改名為 Meta 的臉書也是一個例子。公司比 Myspace 和 Friendster 還要晚出現，所以創辦人馬克・祖克柏可以看到他們失敗和成功的原因。

重點在於及早進入市場，以捕捉大部分的獲利，還能學習別人的失誤，而網路的作用代表著使用者、業績和獲利會呈幾何級數增加。這樣一來，當市場領導者的產品適合市場時，後來的人就很難趕上領導者了。

當衰退產業中的第一名是很辛苦的事，因為你並不是真正的第一名。所以，我沒有把我工作的產業（公共基金投資組合經理人）列在終極事業清單中。管理數十億美元的工作雖是輕鬆借力使力的工作，這可能是你可以選擇的途徑，但這是個正在走下坡的產業。更多資產已經進入指數型基金，所以這個產業的工作越來越少，費用結構也逐漸下修。你得專心尋找有更多機會的產業。

獲取影響力最重要，報酬是其次

我母親看到數十年後才發生的趨勢：串流媒體（Streaming media），以及它如何占領娛樂產業。

電視節目編劇傳統道路，是和一群編劇一起寫影集的劇本。我母親就是這麼做，她寫過幾集《霓虹天花板》（*The Neon Ceiling*，一九七一年於美國播出的電視電影）。接著，你就能寫自己的節目，而我母親寫的是只有一集的《陽光聖誕》（*Sunshine Christmas*）。再來，你就能寫影集的試播集，接著是當週電影，我母親寫的是《神鬼認證》（*The Bourne Identity*，一九八八年的美國電視電影）。

接下來就是好萊塢電影，這才是賺大錢的地方。

因為拍電影的成本很高，電影公司不會試用新手編劇，所以，你必須先在電視界證明自己。

我媽在為芭芭拉・史翠珊（Barbra Streisand，美國歌手、電影演員、導演和製片人）的製作人雷・史塔克（Ray Stark）編劇時，他馬上就信任她，因此她有權決定創作的方向。

後來她不再為他編劇，改由劇本電影公司的高階主管接手。劇本被寫得很糟，她甚至要求電影的演職員表將她除名，所以她又重回電視圈，有機會再次決定創作的方向。雖然寫電影劇本讓她賺比較多，但她還是回到電視圈。

現在，網飛（Netflix）用更快的意見回應方式（能更快看到觀眾的反應）和串流提供的分析，讓觀眾也能參與創作過程。數十年前大家拋棄電視時，我媽早就知道電視才是王道。

當你（或電影公司高階主管）想要決定明天的觀眾喜歡什麼時，你就失去借力使力的機會。你可能會交出沒有人想要的產品，這在電視圈和軟體界都一樣。如果你推出較少量的內容，很快就能看到觀眾真正的需求、反饋，接著快速調整，就比較能夠找到適合市場的產品。

大預算、在全世界上映的電影就不會給你這樣的回饋。你要事先規畫好幾年，中途會發生各種與創意無關的事，得投資很多錢，最後還是有可能失敗。至於網飛、亞馬遜和蘋果，都找出拍攝電影並快速獲得反饋的方式，就像他們在軟體界所做的一樣。現在他們還贏得奧斯卡，令傳統電影公司大感意外。

我母親當年就是這麼做的，但她是靠直覺。她告訴自己，沒有人要聽她的話，他們不做對的事，用公司創造出來的聲音對數百萬人說話沒有意義。當她的話語權越來越少，便失去了借力使力的空間，於是她就退出了那個沒有未來的模式。

並不是電影業沒有未來，而是由上而下的作業方式出了問題。「我們創造這個，你會喜歡，因為我們大肆宣傳」的商業模式已經過去了。我們活在有大量資訊和社群媒體的時代，觀眾可以決定他們要看什麼，而能更快做出反應的製作公司，就能得到觀眾的注意。

電視娛樂的模式更迭得更快，而我母親憑直覺重新奪回話語權。

重點並非賺更多錢，而是你的影響力。有時，你會覺得自己走在對的道路上，但你得回到第一性原理思維，並問自己：「這還是最有借力使力機會的道路嗎？我在這裡能造成最大的影響嗎？」

你可能得調整自己的道路。就算你賺的錢更多，也可能會需要重新評估和取回你借力使力的利基。接著，我們就來看看第一個事業的終極目標：創業投資。

| 第 5 章 |

投資你最了解的產品和人——創投與天使投資人

「你想從事什麼工作？」

問出這個問題的當下，我正在加州大學聖地牙哥分校學生投資社團，和一位學員會面。我指導社團學生事業與人生的目標，還有讓他們練習股票分析，並在我們每次見面時檢視結果，這麼做能幫助他們熟練投資用語。

「我想進創投公司。」他回答我。

畢業後直接進創投並不常見。大部分的人都是透過投資銀行、顧問業，或進入成長快速的新創公司，再跳槽至創投公司。

當然畢業後即進入創投這種事並不是不可能，但如果你不是哈佛或史丹佛畢業就困難得多，所以我知道這位學員的目標很不容易。

因此我說：「我認識不少科技業的人。你需要我幫你介紹嗎？」

「不了，我可以自己來。」

當時我想：他瘋了，竟然不想要別人幫忙介紹人脈？

這位學生後來怎麼樣了？他大學畢業後，搬到北部父母的住處。他接受了一個無薪的實習工作，在工作中和很多創投資本家往來，其中一人後來僱用了他。

雖然過程比較困難，但他靠自己辦到了：建立人脈，並進入創投公司。現在，他是席耶拉創投（Sierra Ventures）的高階經理人。

我這位學員錯過了很多通往財富高速公路的匝道。他沒有進入很好的學校、沒有先進入投資銀行工作，而且他錯過了第一次建立人脈的機會。我提供的指導非常穩健，但他堅持走難走的路。

他最終成功了，因為他從來沒放棄。

我想藉由這件事告訴你：你可能會搞砸機會，錯過財富高速公路的匝道入口，但你還是可以靠著意志和堅持成功。

我的學員拒絕放棄的目標，就是進入創投公司，接著我們就來看看這是個什麼樣的產業。

創業投資，到底在做什麼？

我沒有在創投公司工作過，但我有很多學員和朋友在這個產業，而他們都很熱愛他們的工作。

創投業者會花很多時間思考未來的方向。他們會根據這個想法和研究，建立未來的投資邏輯或方向，接著他們會設法運用這個投資邏輯來配置資金。

創投家必須看非常多的募資簡報。有些會直接交到你手裡，有些會寄給你，有些募資簡報則需要你請別人給你。看完這些簡報後，你要決定和哪些公司創辦人見面。你要追逐熱門的案件，並在試著找出璞玉時，避免遇到虧錢的爛公司。

此外，**你還要花非常多時間，維持一大群公司創辦人和董事的人脈**，因為他們能讓你接觸到最好和最熱門的案件。

並非所有創投基金都一樣，他們可能專注於種子輪（按：Seed round，在此募資階段時，通常只有一個初步創業想法）、天使輪（按：Angel round，有產品原型〔prototype〕，也具備了初步商業模式〔可行性尚待驗證〕，甚至累積一些核心用戶的階段）或A輪投資（按：當產品日益成熟，雖然還處於虧損階段，但已有完整商業模式，也開始累積一定口碑的階段）。而這些創投都在問同一個問題：「你相信這個團隊嗎？」經營創投的人有許多很好的人脈，他們可以運用這些人脈，尋找和接觸最好的創業團隊。

這些基金都會有分析師做最基層的工作，以確保所有人都準備好，並試著建立自己的人脈。高階主管會評估基金所接觸到的團隊品質，而因為種子輪階段的公司

新創公司的投資週期

週期	意義
種子輪	只有初步創業想法。
天使輪	有產品原型，具備初步商業模式，甚至已累積一些核心用戶。
A 輪	產品日益成熟，有完整商業模式，且累積一定口碑。
B 輪	商業模式已確認可行，加速規模化階段。
C 輪	通常已是業內前幾大公司。
D/E 輪	若燒完 C 輪募資仍未上市，就進行 D 輪募資，若 D 輪資金用完仍未上市則進入 E 輪，以此類推。

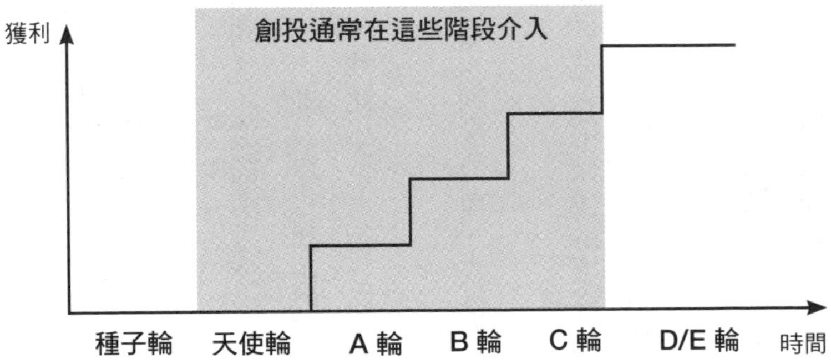

還比較小，所以資金也比較少。

當你往上爬，進入成長型的B、C、D輪創投時，你面對的公司是要募集一億、兩億美元或更多錢。這些是像支付平臺 Stripe 一樣，選擇暫時還不要上市的公司。

通常這類創投所投資的公司會有營收，甚至可能已有利潤了。這些創投公司會僱用曾在投資銀行工作或管理顧問公司工作的人擔任初級員工，並為創投旗下的公司或考慮投資的公司做財務模型。很多大型但未上市的公司，都比小型上市公司還要大。他們通常要有經驗的人來模擬財務報表。

你也可以只有兩年投資銀行或管理顧問公司的經驗，就進入創投公司。或是像我的學員一樣，大學一畢業就直接進入創投擔任初級分析師。

如果你選擇先進入投資銀行工作，就要做好心理準備，你進入創投後得填寫很多試算表。同時，你也要和很多公司的創辦人見面並分析他們，接著你會被分配到某個特定的產業。

舉例來說，你可能會得到軟體即服務的 SaaS（一種訂戶服務制的軟體）。如果你想要得到像 SaaS 這樣特定的產業，而不是碰碰運氣、卡在你討厭的產業，就得分享你已經喜歡的 SaaS。你可以在 X 和領英上，寫些有關 SaaS 的事，並建立一個 SaaS 最新消息電子郵件通知。你不需要什麼都知道，但你要學習和研究，並在社群媒體上和別人分享你所學到的。或者，你先在一間 SaaS 公司實習，接著得到在投資銀行工作的經驗；或你可能先在投資銀行工作，同時瞄準某間 SaaS 公司準備轉換跑道，不過這條路有點難。

不論如何，你一開始要分析你所屬產業的公司，追蹤投資的情形。你的投資組合經理人或合夥人會研究可比較公司分析（comps），而你必須知道哪些公司是可比較的公司。

當你在公司晉升，你的責任會更多。其中之一就是「尋找專案」——詢問你正在合作的公司創辦人，是否看過什麼好公司。接著，你會和其他創投業者談談能否加入後續投資。你要想辦法找到新的專案以幫助合夥人。而你會繼續分析和打造自己專長的領域，最終成為創投的高階經理人。

現在，我們已經了解創投這個產業及其結構了，接著我們就來看看優缺點。

這個工作就是決定未來的樣貌

創投是聰明人的工作。你會和非常聰明的人、做很多聰明且有趣的工作。你們要研究出哪些趨勢會持續，並要做非常多的分析。

此外，**創投也是著重未來的產業，這是為新創意募資重要的一環。**你在創投產業要做的，是決定哪些公司有未來性，以及哪些發明可以獲得持續發展的資金，這些工作都是在決定未來的樣貌。

有些創投會設法系統性的在他們的流程中，運用第一性原理思維和全新的觀點，以避免陷入團體思維。

創投能讓你累積財富。分析師的起薪和管理顧問公司差不多（根據人力資源資料網站 Glassdoor，以及我的非正式資訊來源，約年薪八萬至十八萬美元），加薪幅度則和投資銀行差不多。而當你開始管理基金，你就會進入累積財富的階段，尤其當你成立自己的基金之後更是如此。如果你有自己的基金，你就能賺進數千萬至數十億美元。

創投有週期，時間點很重要

創投會吸引極度自負的人，他們拿別人的錢來冒險投資未來，而且這個投資需要好幾年的時間，你才會知道成功與否。

這會有機會成本的問題，例如這筆錢投資在別的地方可以賺到的錢，以及等待多年才能看到是不是好投資的時間成本。

你必須等待好幾年，因為打造出一間公司再賣掉，就是需要花這麼多時間。這不像股市，每天都可以賺到錢。當你在考慮要加入哪一間創投時，也會面臨和投資人一樣的時間和機會成本。

你的財富可能只是一場夢，因為**創投真正賺錢的地方，在於向客戶收取他們獲利二〇%的費用。並不是每個創投產業的人都能賺到大錢，但幾乎所有人都要投入非常多的工作時間**。

雖然創投業者說看向未來，聽起來好像很厲害，但人類的本性就是會把注意力集中在對未來的預測，而陷入團體思維中，創投自然也不例外。當創投業者全都湧向某個專案時，你可能會覺得很洩氣，不知道到底有沒有人有獨立思考的能力。

創投有週期性，衰退時無路可退，也可能經歷估值超高的時期。如果在市場正熱門時開始投資，結果可能到了市場衰退時沒有獲利。所以，你選擇進入的時機是關鍵。

另一個缺點是你花在建立人脈的時間會非常長。當你開始擔任分析師或初級職員時，你完全沒有公司創辦人的人脈，你必須出去認識人，這是因為當你將來晉升成為高階經理人時，公司會預期你要帶來發展性很好的專案。

進入創投的三條路

如果這些缺點嚇不倒你，而優點對你來說很有吸引力，該如何進入創投產業？你可能不會想要像我的學員一樣走困難的路，所以我們就來看看幾個不同的方式。

其中一個進入創投的方式，是**投資銀行**。我的老朋友比爾·葛利就是這樣有目的的打造他的事業道路：他先在惠普（HP）擔任電氣工程師兩年，接著進入大型投資銀行瑞士信貸分析硬體和軟體公司，一九九六年初期開始研究網路（網景在一九九五年上市），後來他為德意志銀行負責亞馬遜的上市業務。

葛利刻意選擇這條路——從硬體到軟體，再到網路，然後才加入創投。這四年在華爾街擔任分析師主管的「站點」，幫助他在加入創投前，找到最令他感到興奮、想要從事創投的產業，而在這個產業中，跳槽或在同公司裡換工作的機會比較少。這份經歷讓他被公司視為網路專家，而不只是個人電腦硬體專家。不是每個人都像彼得．提爾一樣，後悔沒有跳過前面的路。現在，葛利是基準創投的普通合夥人，也是名億萬富翁。

另一個加入創投的方式，就是**成為熱門的新創或獨角獸公司**。如果你成功創立一間新創公司，並展示出你知道如何讓公司成長，你的公司就有可能獲得一些創投公司投資。接著，你會和他們密切合作、獲得他們的信任，而當你的新創公司（可能不只一間）讓創投公司賺錢，就有可能會受邀加入創投、成為合夥人。

第三個加入的方式是**成為創投星探**。從事熱門、科技為主的產業，例如軟體開發人員和播客（podcast）主持人，創投都可能會請你為他們尋找很棒的新公司。創投星探提供創投公司一些想法和專案，並藉此賺取費用。如果你成為一名成功的創投星探，就有可能進入創投產業，成為全職人員。

如果我不喜歡這行，該怎麼辦？

好消息是，為創投工作代表你要尋找新的有影響力和創造力的公司，並投資這些公司。**如果創投不適合你，你可以考慮加入這些有影響力和創造力的公司**。

如果你討厭經營人脈，創投也有很多營運支援的團隊。你可以加入這樣的團隊，協助他們投資組合中的公司營運，而不是設法在創投中晉升、管理自己的基金。

如果你最後進入較大型的創投，從事協助公司上市的業務，但你覺得這不適合你，你也可以改進入投資銀行，幫助公司股票上市。

同時要記住，你要和投資於創投基金的機構、資源配置人員和家庭互動。你可以利用這些互動的機會，跳槽到其他壓力比較小、生活和工作較平衡的事業。

如果我喜歡，怎麼開始？

而如果你喜歡創投，你有幾條路輕鬆的路可以走。以下按照實現目標的可能性，由可能性最高者依序排列。

第一，你可以先在投資銀行擔任初級職員。工作三年後進入創投公司工作，並開始向上晉升。或是也可以像比爾．葛利，他曾有在華爾街工作的經歷，所以進入創投的職位就比較高。接著，你可以開始經營自己的創投基金，這時你就會成為創投基金的合夥人或創辦人。

第二，你可以在管理顧問公司工作三年，接著到熱門的新創公司工作。成為新創公司的共同創辦人或擔任重要職務，並利用這個機會成為創投公司的高階經理人或合夥人。這時，你可以經營自己的創投基金，成為創投基金的合夥人或創辦人。

第三，你可以在創投公司擔任初級分析師，從創投公司的員工向上晉升，一段時間後，你可以經營自己的創投基金。接著，設法成為創投基金的合夥人或創辦人。我的學員威格奈許．拉威庫瑪爾（Vignesh Ravikumar）就是這麼做的，現在他是席耶拉創投的高階經理人。

第四，你可以先成立一間熱門的新創公司，或至少在其中擔任重要職務，設法成為創投的高階經理人或合夥人。接著，你可以經營自己的創投基金，並利用這個職務成為基金的合夥人或創辦人。億萬富豪馬克．安德里森的路線就是這一條。

隨著升遷，你的報酬會越來越多，像是業務獎金。除此之外，你帶進公司的專案報酬呢？你帶來多少專案？你知道你領到的高品質專案獎金和公司其他人的獎金比例是多少？公司是否有投資？你的構想能否說服合夥人？這些投資的結果如何？高階經理人的薪酬要視這些問題的答案而定。

接著，你會成為合夥人。你會得到某個比例的投資績效分成，這一點我在本章稍後談到天使投資時會提到。簡單來說，這表示領取某個比例的公司獲利。

合夥人的工作是什麼？他們要建立人脈，也就是和很多人談話，並出席投資會議、決定要不要投資某一間公司。

創投合夥人就像是法律事務所的合夥人，法律事務所合夥人還是要從事律師工作，但他們主要的收入來源是為事務所帶來能創造獲利的客

創投的致富之路

1	投資銀行（3年）→創投公司（向上晉升）→經營創投基金
2	管理顧問公司（3年）→熱門新創公司（成為高階經理人或合夥人）→經營創投基金
3	創投公司（向上晉升）→經營創投基金
4	成立熱門新創公司（或擔任高階經理人／合夥人）→經營創投基金

戶。而對創投公司來說，合夥人的職責就是為公司帶來能創造獲利的投資。

錢會自己找熱門的東西，你要找到它

包括創投在內，不論任何產業你都要盡可能接近資金。你可以把這想像成有很多鮭魚的河，如果你想要盡可能抓到最多、最大隻的鮭魚，就要像熊一樣走到河中間，鮭魚都擠在這裡。現在，請問問你自己：有最多資金的河在哪裡？我要如何才能站在河中間？

這個規則適用於所有的事，不只是創投業而已。**金錢會尋找熱門的東西**，所以當你越來越難找到能賺錢的好專案時，就表示你所在的河正在枯竭，別把時間浪費在那裡。這就是我在第二章所說「慢慢來，比較快」的情況。

我舉個例子說明。機靈的股市投資人在綠能科技熱門時進場，在熱潮退去之前出場。創投必須維持投資長達十年，如果你是創投資本家，而你現在有二五％的資金在綠能科技上，那你就有大麻煩了。

當你身處合夥人和高階經理人的職位時，應該花點時間問自己：「有沒有什麼大錢潮是我還沒有參與的？我的能力和這個新的領域有沒有關係？」如果你管理的是一檔科技基金，但你不認識任何生物科技業的人，就不應該跳槽到那個領域。問問自己，有沒有事情什麼和你所知、所了解的東西有關，但你還沒有參與到？

你可以問自己這幾個問題：

一、現在的時機對不對？

二、這是否能持續下去？

三、催化的因素是什麼？

這三個問題都很重要，但「持續性」在創投業最為重要。如果一個新產業的錢潮要持續十年，是哪一個產業有這個能力？

創投人天天問「這能解決目前瓶頸嗎？」

如果你問我認為現在什麼最熱門，而且未來十年能維持下去，我的答案會是

Web3和區塊鏈。當法規越來越清楚，這兩者的未來會越來越好。把焦點放在基礎建設的部分：區塊鏈如何使金融交易更順暢和降低成本。

很多創投把錢投資在NFT：精確來說，這是以PDF檔案連結至一個獨特代幣的數位藝術。說得更清楚一點就是，這是一個數位卡通，是一隻抽著香菸的猿猴，其價值已經從幾千美元漲到二十五萬美元以上。

在我思考買進數位卡通是否是個好主意前，我先退後一步，別管市面上的雜訊，問問我自己覺得這是怎麼回事。而當我的學員開始打電話問我加密貨幣時，我則前往舊金山，問我認識的每個人這件事。我的結論是，這是個流動創投。

如果你投資的是代幣而非股票，代幣通常要花一年的時間才會公開交易。你會看到專案先上測試網路，之後才會在主要網路上線。你當然可以買賣代幣，不需要非常肯定，因為你只是持有代幣一、兩年，而不是七年。

但我不是說你非投資這些代幣不可。這些是否安全、投資人是否能從其他人的作品獲利，以及是否能預期獲利都還是未知數（叫聲像鴨子、走路像鴨子、游泳也像鴨子，那牠可能真的是鴨子）。因此，我們應該質疑，投資代幣的創投擁有的是不是未經註冊的流動證券。

此外，無程式碼軟體看起來也很有趣。以前要成立一間像英特爾（Intel）的公司需要花非常多錢，因為他們必須建造價值數十億美元的工廠。就連微軟也必須買很多伺服器來儲存所有的程式碼。但現在，你可以向亞馬遜網路服務（Amazon Web Services）或谷歌雲端（Google Cloud）租用軟體和伺服器。現今新創公司的成本只有以前的零頭，而你可以等到公司開始成長後再增加支出。

大部分的科技公司不需要一開始就支出大筆創業成本或融資。一方面，這表示他們沒有那麼需要創投和他們的資金。但另一方面，創投可以投資有助於生態系統的新軟體公司，這些公司的風險比較小，因為他們不需要大額資本。他們的瓶頸不是資金，而是尋找適合的產品市場。

無程式碼軟體的下一個階段其實已經在進行中了，在這個階段，所有人都可以設計出自己想要的軟體。有一個很好的例子就是 Notion，這就是我任職公司中使用的軟體，幫我們省下非常多的時間，而且讓我們能組織自己的業務。Notion 和其他無程式碼工具讓我們為未來的成長做好準備，並能事先設定好所有系統，不必花費大量的時間和金錢。

可以提供連線、網頁抓取、自動化和知識管理的 SaaS 無程式碼軟體工具現在很熱門。正如我所說的，不需要多少錢就能創立一間成功的公司，而且現在比以前有更多資訊可以使用。

當前創業的痛點，已經從取得資金和資訊，轉變成找到好的人脈，以及從大量資訊中尋找對的資訊。無程式碼工具能幫助你組織資訊並使功能自動化，而不需要僱用稀少的程式設計師。

正如我所暗示的，**創投現在的問題和四十年前不一樣**，現在的問題是太多。這是一個資金和資訊過多的時代。幾十年前，無程式碼是只有程式設計師辦得到的事，現在則是大部分的人都可以辦得到。當瓶頸和問題轉移了，創投應該尋找這些新問題未來十年內的解決方案。

當你面對這些過剩的資訊，**必須先問自己一個非常重要的問題：「瓶頸在哪裡？」經濟永遠都會有瓶頸，而現在的瓶頸就是人**。你要如何留住人力？要如何運用人力以創造出最大效益？無法僱用足夠的工程師，該如何彌補？**創投應該要針對每一個產業提出問題：「這能解決瓶頸嗎？」**

從電腦發展看瓶頸轉移

瓶頸是會改變的。例如，歷史上第一部個人電腦的速度太慢，開啟一個龐大的試算表可能會使電腦當機，而且它也無法處理複雜的公式。速度就是它的痛點。

每個人都需要更快的電腦。處理器的速度越快，能運算的東西就越多，你就能使這個經濟領域的其他部分發展得越快。就像英特爾新的、更強大的晶片，可以因此加收二〇%的費用。

一開始很慢，但晶片的速度突然變得超快，開啟試算表不會有問題，沒有人再抱怨處理速度太慢。處理速度快代表可以處理的東西更多，於是就帶來新的瓶頸。運算包括晶片和儲存之間的來回：去儲存的地方拿兩個數字、加總、儲存結果，依此類推。當處理速度變快了，能處理的東西就多出許多，製造英特爾處理器與記憶體晶片之間通道的製造商就賺了很多錢，因為速度就是新的瓶頸。

英特爾當時仍在成長，但並沒有解決最大的痛點。後來，當人人都開始上網，美國線上（AOL）的郵件伺服器老是通知「你有新郵件！」，卻沒有人能找得到，因為透過銅線撥接數據機（就是你的電話）查看郵件的速度太慢，伺服器離你家太遠。這時，思科開始銷售路由器，藉以加快這個流程，所以思科在一九九〇年代末期稱霸網路領域。

當時，英特爾的庫存持續增減，整體而言庫存增加，和他們推出晶片的週期有關。這使得英特爾在一九九八年陷入困境，當時筆記型電腦過熱的問題讓人們了解，電腦的速度夠快了，但他們可不希望被電腦燙到——他們不要筆電這麼強大，就算速度會變慢也沒關係。英特爾不斷原地踏步，想提供更強大的處理能力，卻不了解使用者想要的是別的東西：行動力。此時，超微半導體（AMD）推出較節能的晶片，不會讓電腦熱到融化，也不會燙到使用者，所以英特爾的市占率開始下滑。也就是說，當人們已經有足夠的速度，想要更多的行動力時，痛點就改變了。

當英特爾的股價下跌，思科仍繼續上漲，是因為人們想要上網。他們的電腦速度已經夠快了，但行動力不足，而他們想嘗試的網路也太慢。他們更需要思科的設備，而不是英特爾的晶片。因此，當思科用路由器打造網路後，整個十年的行動解決方案就出現了。

各種事情的發展都是如此。**你只要一直問：「瓶頸現在轉移到哪裡了？」這就是催化劑。接著再問自己：「這個瓶頸是否有更好的解決方案，讓我在未來幾年**

內可以獲利？」這就是持續性。所以我說，時機很重要。二〇〇〇年的網路仍很緩慢，但如果你在那時才進入市場，就已錯過機會，因為當時的股票已經太貴了。

這就是現在的問題。Web3的股票現在非常貴，有些人覺得他們錯過了最佳的時機。也許是，也許不是，但他們只需要等到股價下跌就好。當你以為再也不會有機會進場了，結果股價拉回、人們失去希望，結果你又得到機會了。身為創投家，當股市拉回逾三〇％，較低估值的公司會流入創投市場，你就能以較吸引人的估值投資未上市公司。

不過，怎麼知道哪些領域值得等待？你要學著尋找瓶頸。以下就是幾個方法。

創投家得思考「解決方案是？」

現在回顧過去，看一九八〇年代或一九九〇年代的產業瓶頸很容易。但你要如何找到現在的瓶頸？

利用本書的主題：集中精力，做研究。偶爾抬起頭來看看週遭，就算是流行文化也能給你一些見解，例如喜劇綜藝節目《週六夜現場》（*Saturday Night Live*）

中，曾出現短劇嘲笑筆電過熱和「你有新郵件」的笑話。

此外，認真聽朋友和同事說的話，看看X上人們都在談論些什麼。

你也可以在X上尋找獨立駭客，他們現在正打造什麼軟體？為什麼？這是個趨勢嗎？能持續下去嗎？能持續多久？他們為什麼不想在大公司工作？

首先，注意當下的情況。例如創作者經濟和企業的人才問題。**當你注意到當下情況後，就可以問自己：「為什麼會這樣？」**不要做普遍性的歸納，例如：「這是千禧世代的文化，沒有人想要工作。」那些獨立駭客一星期有七天都在寫程式碼，他們工作比你還要認真，只是不想為你工作而已。

當你開始注意到當下的情況後，你要問自己一個問題：「**為什麼是這樣？這種情況會持續多久？解決方案是什麼？**」勞工瓶頸的原因可能是戰爭。等戰爭一結束，大家就回來了，到時就會有很多的員工。戰爭可能會持續十年，也可能不會。其他轉變即可能是個持續的趨勢，例如勞動參與率偏低。

身為創投家，你的工作就是思考這些影響你產業的趨勢，確認哪些會持續、哪些只是暫時，這樣你就可以用你的長期投資來滿足這些趨勢。

除了投資的持續性、催化劑和及時性之外，還要看看價值，因為說到底，創投可以得到二〇%的獲利。若在估值最高時投資，到最後可能賺不到錢，因為在你投資之前錢就已經被賺走了。

舉例來說，我之前工作的避險基金成立了一個小型的內部創投型基金。他們在二〇〇〇年開始投資未上市的網路公司。我們的其他基金很賺錢，但那一檔基金沒有，因為我們在未上市公司估值最高時買進，後來就發生了非常嚴重的衰退。

就像你在投資時會做的事一樣，**要考慮你想加入的任何基金，是否有潛在的持續性（募集資金的能力以及能否持續下去）**。這間創投成立多久了？你認為他們投資的專案是否持續改善？他們是你想要合作的對象嗎？大部分的人在投資時會提出這些問題，卻不會針對他們想要加入的創投或公司提出這樣的問題。但必須記得，時間是你最重要的投資，因為時間一去不回。

再回來談談勞工短缺的問題。創投也要研究一個國家的出生率，下個世代會是什麼樣子？勞工人數會越來越多還是越來越少？該國的人口分布情況如何？

你要知道，這不是股市，估值不會在兩年內從很好到非常好，痛點結束，你就可以出場了。所以，好的創投會想清楚長期的投資邏輯：他們的基金能撐過時機好和不好的時候，而投資人則了解並接受。

大型基金會吸引最多的資金，因為沒有人知道新的基金會不會成功，要經過七至十年的時間，才看得出來投資的成果。累積多個成功的創投基金，往往需要數十年的時間。

新的創投公司在這段期間的表現，會聚焦於投資成功的部分。如果投資的公司倒閉了，他們也會慢慢虧損。成功的投資很快就會被收購，或是以更高的估值募集資金。創投基金初期的成果，反映的是成功的投資，因為失敗投資要過好幾年才會出現。

就是因為這種現象，精明的創投基金投資人（又稱為有限合夥人〔limited partners，縮寫為 LPs〕）知道，新的基金可能會很早就出現好的投資成果，所以他們會等著看一個創投基金所有的投資成果：也就是說，他們會等七年以上，觀察一檔新的創投基金，並將大錢投資在幾十年來已經成功推出多檔基金的大型創投基金公司。大型基金能吸引更多資金，且能在市場待更久，當你知道了這樣的淘汰機制後，就能規畫自己要加入的創投之路，設定策略並自己選擇合夥的對象。

在加入創投基金前，先想一想你的個性。你喜歡很多改變嗎？如果是，你就會喜歡有很多公司讓你分析。最重要的是：你想做同一份工作十年，還是工作兩、三年後就會開始不安於室？

如果你不是能在同一間公司待十年的那種人，創投就不適合你。如果你能接受，創投可能就是能幫你打造財富的路。

下一章將會討論第二輕鬆的事業道路。但這裡我要岔開話題，來看看創投的另一個選擇（這也是進入創投的常見方式）——天使投資。

天使投資的重點：識人

你可能在X上看過天使投資人，他們會列出許多成功的私人投資。不論是早期投資視訊軟體Zoom或比特幣，機會似乎就是會找上他們。你不禁想，他們為何這麼幸運？我可以怎麼做？

我們一起來看丹．夏曼的故事，以及談談我對天使投資的看法和創投的起源。

丹剛開始工作時是在思科，我是那時認識他的。他主修法律，是個喜歡深入思考的人，他知道該如何親近別人，後來人脈便成為他的財富，這就是他的祕訣。他說：「當你有機會投資很棒的對象，不論一開始的市場是什麼都要投資。」

丹有兩筆不靠創投所做的投資：Zoom 和 Arista。這兩間公司的創辦人都和他在思科一起工作過。

Zoom 的創辦人是開發 Webex 的主要軟體工程師；Arista 的創辦人潔斯瑞．烏拉爾（Jayshree Ullal）是非常聰明的高階經理人。

雖然丹在思科工作過，但這並非他唯一的優勢。思科在二〇〇六年時有三萬名員工，許多人都有機會和丹一起投資 Zoom 和 Arista，但只有少數人看到丹做的事。他看得出人們的才能，而且也有膽識敢投資他們。

這並非易事。但是，丹從人脈中發現聰明人的識人之明，使他成為天使投資人的道路更為容易。相較之下，雖然我父親也是非常聰明的人，但他建立人脈的能力就不如丹。所以，他的天使投資之路就比較困難。

我小時候，父親的一位券商讓他擔任一個動態隨機存取記憶體（DRAM）公司的天使投資人。DRAM是電腦中最常見的短期記憶晶片。我父親認為，亞洲的製造商會擊垮美國的記憶體晶片公司，所以他沒有投資。

那間DRAM公司，叫做英特爾。雖然我父親看對方向，亞洲公司的確稱霸DRAM，但他對這筆投資的觀點卻是錯的。我父親不知道英特爾的管理階層既容易恐慌，卻又充滿創造力。英特爾看出DRAM市場競爭越來越激烈，所以他們放棄DRAM，轉型做微處理器。接著，他們和當時另一間小型新創公司合夥：微軟。後來的事，我想大家都知道了。

想從事天使投資，你必須非常了解你所投資的團隊，這樣你才能預測他們對威脅和機會的反應如何。有時候，我會想像自己有一臺時光機，我想回到過去，說服我父親天使投資英特爾。我們會乘著矽谷的浪潮，現在我就會住在遊艇裡，停泊在我七間莊園其中一間的外面，等待我的私人噴射機準備好。然後，我就夢醒了。

我父親就只是運氣不好嗎？誰想得到會有這樣的結果？

認識新創背後的人，就能擁有優勢。英特爾聰明的幾位創辦人是深度思考的人，他們離開快捷半導體（Fairchild Semiconductor）是為了創新，那是最早的半導體公司。我父親錯過的天使投資機會，是矽谷創投產業初期，由一群叛逆的人所帶動的趨勢。

我父親畢業自史丹佛大學，是科技投資人，也是頂尖的企業律師。他沒有一個和未來的企業創辦人建立人脈的制度。我父親一生做對很多事，但他沒有闖入天使投資這一行。他和丹一樣為企業工作，但他不同於丹的地方在於，他所待的公司員工並沒有離職、創辦新公司，他不認識新創圈的人，沒有辦法了解他們的想法。

你要怎麼做才不會和我父親一樣？現在，你在網路上就能認識了不起的人，包括頂尖的創投家。你可以上X向他們學習、認識他們。之後，你就有機會可以和他們一起工作、投資他們。

天使投資其實就是運用你的資金和你建立起的人脈，輕鬆創造最大的成效。當你獲得的財富可以讓你更上一層樓時，就會有天使投資的機會，因為你在利用你建立的人脈，並利用他們天使投資或成立創投公司。

以丹的情況來說，他最大的成就來自他所認識的人。若要創造財富，你就必須投資，而**最頂尖的天使投資人和創投家一樣，都是投資他們最了解的人**。雖然現在學習投資股票、認識創投和天使投資仍是一件好事，但你也必須認識人，了解他們對什麼事情有熱情？

要如何開始進行天使投資？當你成為公認成功的投資人時，你就可以成為天使投資人。或者，你可以為從事天使投資的家族公司工作。天使投資人通常不會一輩子在公開市場操作，大部分專業天使投資人都已經是成功企業家，已成立和賣出新創公司。他們有一筆財富可以投資。

不過，我得先說清楚一件事：我總覺得「天使投資人」這個詞自相矛盾，因為投資人的目的就是要賺錢。我對「天使」的看法是，一個做善事、仁慈的人。所以，在公司和創辦人還只有構想時，願意比創投還要早冒險投資的人，既是天使也是投資人。這個詞是來自小型新創公司創辦人的朋友和家人。

大部分天使投資人是在種子輪，或種子輪之前的階段就加入了。許多創投對於投資還只是概念階段的東西感到不安，這麼做的風險很高；但天使投資人的優勢在於他們很了解創業的團隊，天使通常是管理團隊認識的人。別忘了，丹．夏曼的兩大天使投資成功的故事，都是他在思科工作時的同事。

雖然許多天使投資人成立並退出後來很成功的企業，但創投未必會帶來天使投資，有時候是反過來的。

從天使到創投

創投的另一條路，是創辦一間成功的公司，接著天使投資你的朋友人脈。也許五至十年後，你就會像 Entrada Ventures（按：總部位於美國聖塔芭芭拉與矽谷的創投公司）一樣。你成立創投基金，以獲得更好的稅率條件、更高的知名度，以及受邀參與更大的投資專案。

創投的稅務結構比天使投資人還好，原因是我之前提到過的分潤。創投的資金會得到某個比例的獲利金額。在這個簡單的世界裡，客戶支付你費用的方式就是賣出股票，以股票上漲獲利的二〇％支付給基金經理人，稱為績效分成[18]（carried interest）。但當公司沒有上市時就很難這麼做，而且這種股票並沒有流動的市場。

績效分成代表基金「欠你」二〇％的獲利，但你要延後到有流動性事件之後才領到這筆錢。流動性事件就是基金投資的公司被收購或賣掉。你要如何延後領取獲利？這些投資是不流動的，所以創投不是被迫大幅折價賣出公司以收取費用，而是提高他們擁有的基金股份。他們會重新配置這筆基金，這樣他們持有的比例更高，最終成為他們領到的費用。

18 詹姆斯．陳，〈解釋績效分成：對誰有利，以及如何運作〉（*Carried Interest Explained: Who It Benefits and How It Works*），Investopedia，最後更新於二〇二三年九月二十九日，https://www.investopedia.com/terms/c/carriedinterest.asp。

因此，績效分成就是基金經理人長期下來擁有的基金的比例增加，代表他們沒有領取獲利的費用。因為這些費用會變成基金的擁有權，所以被當成資本利得課稅，而不是一般的收入。因此，許多創投家領取一般生活足夠的薪資，但大部分的收入則是績效分成。

大部分的創投基金在賣出投資時，只欠政府資本利得稅。你可以領取十五萬美元的薪資，並領取獲利某個比例的金額，還能賺到管理費。管理費是用來支付薪水和經營基金的。獲利的費用百分比可以留在基金裡，所以當基金在七、八年後結束時，你會領到很多錢（或是在這段期間因為首次公開發行新股或收購案，而得到大額的資金）。這表示你可以遞延大部分的稅金，每一筆基金都以資本利得稅申報，而非所得稅。這就叫做分成。

這和共同基金不同。創投基金可能會說他們要募集一．五億美元，但是這一．五億可以合法強制出資請求。假設我出資一百萬美元、投資三年，對方每一季能提出十萬美元的出資請求一至兩次。在他們提出請求時，我必須提供這筆資金，否則就會被他們告上法院。

創投並非只是在他們說「募集到」一．五億時，留住這一．五億美元。我的一百萬美元不只是存在他們的銀行帳戶裡。這三年內，他們會運用這筆錢，當他們看到機會就會拿這筆錢來投資。在經濟衰退時，有時候他們不會全部投資，所以不會請求所有的資金。他們依照績效領取薪資。如果他們沒有看到好的投資機會，可能就不會動用資金（但這種情況很少）。之後創投所投資的公司會成長、被收購，或是倒閉。

創投基金最想找到一、兩間成長一百倍的公司，其他有些可能會成長十倍，更多的公司可能會成長一倍，而大約五〇%的公司在種子階段就倒閉了。通常二〇%至二五%的年報酬是來自成長一百倍的那一、兩間公司，但這也要視你在週期的哪個階段而定。

如果你在公司估值最高時投資，結果七年後經濟衰退，那你可能拿不到二〇%的報酬，甚至可能完全沒有任何回報。

大部分創投基金收取管理資產二%的費用，以及二〇%的獲利。基金經理人可以獲得五%至一〇%的獲利，或者更高，視基金而定。

假設一個客戶的投資獲利是一千萬美元。客戶能得到八百萬，另外的兩百萬會分給合夥人和基金（軟體、租辦公室、差旅費）。

有些新的基金要為新創公司募集資金，使情況變得更複雜。他們會把績效分成的一部分賣給外部人，把他們列為普通合夥人（general partner，縮寫為ＧＰ）。普通合夥人通常是公司的合夥人，他們會領到分成的一部分，而他們的工作是管理基金、尋找專案，並為公司帶來客戶。普通合夥人投資人會分享分成，為創投基金提供新創的資金。

很多創投資本家一開始是普通合夥人，他們會領取一個比例的分成，投資數十萬美元以支付新創公司的費用。接著，他們會僱用律師、簽文件、租辦公室。你也可以這麼做。

接下來，我們就要討論輕鬆使財富成長事業中的第二名——私募股權。

| 第 6 章 |

擁有一間「擁有公司的公司」——私募股權

我認識好幾個坐過牢的人，和他們一起工作，或是為他們工作。我甚至也出席過他們開的派對，其中一人是私募基金早期的重要人物。

我有二十五年專業投資人的資歷，管理過一九九九年全球排名第一的基金。為什麼像我這種無聊的白領事業，會和監獄有這麼多關聯？

一九九四年，我取得南加州大學（University of Southern California）MBA學位後，第一個工作的老闆是麥克．米爾肯（Michael Milken），綽號「垃圾債券大王」（junk bond king），當時他剛出獄（他稱之為「營區」）不到兩年。他的一些操作方式違反證券法，但他當時是聰明的先驅，且現在仍是億萬富豪。我在他的私人家族辦公室工作，見證法規對充滿創造力的人會造成的影響。

他說法規很愚蠢，自己卻因此失去好幾年的自由。

在坐牢前，米爾肯是金融業的開創者。他鼓勵企業要有遠大的夢想，就像前述的創投資本家。他運用在當時新穎的金融創新，從槓桿收購到零息債券，以取得公司的資金，而當時投資人並不會想這麼遠。他協助融資一些史上最大規模的槓桿收購，美國的行動電話科技也是因為有他的融資，得以領先全球。

他承認犯罪，不過後來被赦免了（按：二〇二〇年二月，時任美國總統唐納．

川普〔Donald Trump〕宣布赦免）。我為他工作時，他才剛出獄沒幾年，證券交易委員會定時來我們辦公室（他的家庭辦公室）找他。

出獄後，米爾肯還是會想要買下某間私人公司，但他會先想想有哪些可能的法規監管，接著他就放棄了。他寫過一本教科書《企業金融論》（*On Corporate Finance*，這是我用他的檔案和蒐集的筆記，撰寫和研究得出的成果），但他擔心別人的眼光，所以從來沒出版這本書。

他甚至曾和諾貝爾經濟學獎得主默頓・穆勒（Merton Miller）辯論，金融市場到底有沒有效率。那次可說是最有突破性的金融辯論，但只有我和攝影師在場，而他從來沒公布過那段影片。

一九九四年，我為米爾肯工作時，我認為他只是違反法規。但事情不只是這樣而已吧？其他銀行家在他的德克索蘭伯特投資銀行（Drexel Burnham）做著和他一樣的交易，他們就沒犯法。而當銀行倒閉後，他們就聯合起來創業，但他們賺到的錢可能沒有米爾肯多。德克索蘭伯特銀行一年支付他十億美元，而且那是一九八八年的時候！

當時，沒有人賺的錢和米爾肯一樣多，但其他人也賺了不少錢。有些人離開後，成立阿波羅全球管理公司，現在它已是全球第二大私募股權公司，僅次於黑石集團。

米爾肯的銀行倒閉以及後續效應，也提供讓他重新創造品牌的機會。這是產業因應法規進行調整，以及找出新的資本形成的辦法，這只是其中的幾件事而已。

槓桿收購一開始是這樣的：你借很多錢來收購一間公司，股權就是這間公司剩下來的部分。米爾肯就是靠這樣賺錢，他擁有被下市公司的股權。因此，「私募股權」其實是「私人」募集的股權，而他則是槓桿收購之王。

人們總害怕錯過好東西

槓桿收購的意思，是**投資人認為一間上市公司的股價低於長期價值**。也許是股票投資人普遍無法忍受公司為了未來的成長，而必須經歷痛苦的轉型期，例如裁員、低營收期或關閉工廠。

在這位投資人的心中，他認為**最好買下整間公司、私人經營，再讓公司上市，以創造一致且可預期的獲利**。但因為資金不夠，買方要借錢（也就是槓桿）才能讓整間公司下市，因此有了「槓桿收購」這樣的詞。

一九六〇年代出現過非常多不同類型企業的合併案，創造出企業聯合的時代。為什麼要這麼做？一九五〇年通過的反托拉斯法（按：指塞勒—凱弗維爾反兼併法〔Celler-Kefauver Antimerger Act〕，其為克萊頓反托拉斯法〔Clayton Antitrust Act〕的修正）代表企業不能買下競爭者。而為了滿足投資人透過收購來成長的需求，這些企業便開始買下許多不相關的公司。

在一九六〇年代市場強勁時，這些活動都進行得很好，但到了一九七〇年代，發生多次熊市、高通膨（一九七〇年代末期達到逾二〇％），許多企業旗下擁有一大堆自己不認識或不了解的公司。

高通膨和經濟不振加劇勞工的不安，使得勞工工會變得強大，要求這些龐大、過度膨脹的企業調高薪資。這個趨勢代表這些上市公司有一大堆績效不彰的部門、高於預期的成本，以及昂貴的勞力。而在當時的情況下，根本不可能解決這些問題，因為公開市場的投資人會要求不那麼痛苦的短期解決方案。

合理的解決之道就是讓這些企業聯合下市。只要公司只有一個老闆，他們就可以輕鬆關閉績效不佳的部門，等到公司業務精簡、開始獲利後，他們就可以讓比較乾淨、更有效率的公司，以更高的價格首次公開發行新股，讓公司再次上市。

不過，槓桿收購的名聲並不好。這麼做的目的是要解決問題，而有時候有問題的是公司的管理階層。通常，聯合企業中尸位素餐的管理者就是其中一個問題：搭乘公司私人噴射機到處飛、在私人俱樂部打高爾夫球、享受自己的人生，卻讓公司經營不善、股東虧錢。

大多數槓桿收購是透過代理人戰爭和惡意接管的形式進行：「我們要買下你的公司，買下來之後要做的第一件事就是把你們全開除！」公司一旦下市，槓桿收購公司新的老闆會裁撤及精簡績效不彰或過度膨脹的部門，設法讓公司變得更有效率。這表示他們會開除數百、數千名員工，而當時並不流行和工會一起抗爭。

你可能會問：這和米爾肯有什麼關係？他發生了什麼事？

還記得我說米爾肯是垃圾債券之王的事嗎？如果你借的錢多到可以收購一間像比翠絲食品（Beatrice Foods）這樣市值數十億美元的公司，那麼幾乎整筆交易都是用債務融資進行（而不是現金）。許多投資人都不會想借錢給集團，槓桿收購那些爛到骨子裡的公司。

這種情況下的解決之道有兩種：支付高利率以吸引投資人，如果還是不行，就強迫投資人買下這筆交易。你一定會問：要怎麼強迫投資人？當然，就法律上來說是不可以，但**你可以販售「讓他們害怕錯過好東西」的恐懼**（Fear of Missing Out，簡稱FOMO，也稱作錯失恐懼症、社群恐慌症）。我們都是人，都會害怕眼睜睜看著大好機會擦身而過。**投資人想要參與下一次的熱門交易，而他們知道，如果不加入這次沒那麼好的機會，以後就無法得到熱門的好機會。**

沒錯，這些都是不合法的。尤其是當投資人要求幾天時間，以確認有沒有被超額認購（稱為審閱期）。

以比翠絲食品來說，債券投資人買到的是高殖利率、高風險的債券。德克索蘭伯特的高階經理人（例如米爾肯），或KKR這樣的投資人買下了股權。他們槓桿收購比翠絲食品的程度，占公司股權的二%至三%。這些槓桿收購的訣竅如下：

銀行員、管理團隊和槓桿收購的公司預想的是非常積極的資本結構。債務投資人提供九五%的資金，透過這些高殖利率的垃圾債券收購（因為高風險，才稱為「垃圾」債券），股權投資人則只得到公司的一小部分，在這個例子中是五%。

如果公司破產——許多公司都是這樣——就算所有資金都損失了，但股權投資人的損失並沒有債券投資人虧損那麼多。而如果公司撐過來了，價值成長的部分就完全由股權投資人享有。如果公司價值提升三〇%，股權投資人就會賺進六〇〇%，也就是六倍的報酬（三〇%÷五%）。大部分公司的價值都會成長一倍，或甚至更多。以這個例子來說，價值成長一倍就表示股權投資人的報酬是二十倍。

麥克．米爾肯就是這樣成為億萬富豪。他賣出債務、保留股權。他發現不對稱的交易有小額虧損的低風險，但大額獲利的機率很高。

債券投資人的獲利也很不錯，因為債券的價格會改善，他們交易這些債券（假設他們一開始支付的價格很低，但米爾肯有很多筆交易的情況並非如此），而不是在債券發生問題時買進。不良債券可能以折價八成出售，持有至到期日就能領回全部的價值，賺取五倍的報酬。債券未必是無趣的投資，特別是不良債券、槓桿收購和私募股權的情況下，能創造五倍的獲利。

綜觀上述，槓桿收購大部分是惡意的，執行的計畫包括了強迫現在的上市股權投資人，透過惡意代理人戰爭賣出。他們會開除員工，而像德克索蘭伯特這樣強勢的銀行，會欺騙債券投資人借錢給他們。結果會發生什麼事？

槓桿收購式微

一九八七年至一九八八年，就在比翠絲食品收購案時，槓桿收購的主要融資引擎麥克・米爾肯入監服刑，或以他的說法——進「營區」。而因為訴訟案和主管當局採取的行動，使得他工作的德克索蘭伯特投資銀行倒閉。

因此，槓桿收購在一九九〇年代初期時的形象很不好。人們想到槓桿收購就會想到裁員、罪犯、內線交易（例如伊凡・博斯基〔Ivan Boesky〕），還有更壞的事——槓桿收購主要的推廣者米爾肯入獄。

後來，槓桿收購公司分為兩種不同類型的公司，並重新命名。

第一種是積極型的公司，這種公司會買進一間經營不善公司大量的部位，並進入董事會。這種類型的公司結構很像避險基金。一旦進入公司董事會後，他們就會換掉管理團隊、取得營業權，接著改善營運，而這些行為都是在公司仍上市時進行。惡意接管和下市則是最後的手段。

第二種類型則是私募股權公司，例如KKR，轉型為經營他們在一九八〇年代下市的所有公司。**他們會合併、賣出一些部門，並讓一些公司上市**。其他私募股權公司接續誕生，例如：黑石集團和阿波羅，這樣就能以私人實體的方式，更有效率的經營這些公司。

這兩種方法之所以興起，是因為投資人可以看到未來的發展。一九八〇年代的槓桿收購，讓一九六〇年代臃腫的企業聯合瘦身，但這種做法已經過時了，且在一九九一年經濟陷入衰退後遇到了真正的問題。營收下滑，但公司還是得支付高額的債務，結果企業破產增加。所以，槓桿過高導致企業無法撐過經濟衰退期，這並非獲利的好辦法。

槓桿收購的時代過去了，至少現在來說是如此。

一九九〇年代衰退期結束，科技股榮景開始。一開始，創投公司投資並賺了數十億美元。私募股權公司則還是因為衰退和破產而元氣大傷，因而轉戰投資負債較少、資歷不多的公司，例如軟體公司。隨著科技業榮景持續發展，私募股權公司及早投資，有時候是和創投公司一起投資。

接著，網路泡沫（按：指一九九五年至二〇〇一年間，市場大舉投資科技、網路相關企業，造成股價快速飆漲，二〇〇〇年第一波網路泡沫破滅的跡象開始出現）就破滅了。

投資人因投資網路公司Pets.com或生鮮電商Webvan等虧損好幾百萬，向監管當局投訴。能源公司安隆（Enron，已於二〇〇一年宣告破產倒閉）和電信公司世界通訊（WorldCom，二〇〇三年破產，二〇〇六年一月被威訊通訊〔Verizon Communications〕收購，重組成為其屬下的事業部門）就是管理團隊獲得一大筆錢，卻完全不必負責任的例子。

監管當局後來推出沙賓法案（Sarbanes-Oxley），要求企業主要管理人員（例如財務長），必須在財報上簽名以示負責，這樣他們才不能說「我不知道有這件詐騙的事，這是稽核人員做的」或「這是會計師做的」等推辭的話。因為有這個新增的法規障礙，董事和高階經理人保險、稽核等各項費用變得更高，沙賓法案使得公司上市變得更麻煩，而且更貴。

因此，有二十年的時間，企業都選擇不上市。

這就是為什麼這一章接在創投後面。創投之所以存在，是因為有些公司認為：「我們還不能上市，因為我們還沒找到適合的產品市場。要等到能見度更高時，才能成為好的上市公司，且對投資人來說是可靠的公司。因此，我們需要創投資金。」所以，創投資本家會要求高額的報酬。

從二〇〇一年至二〇〇二年，機構投資人的報酬都不太好。高成長、年輕的公司不上市，或等到進入超級成長階段才上市，反而讓這些創投公司獲得以前只有小型股投資人才能得到的超高額報酬。

於是，機構投資人開始把資金往有成長的地方移動：私募股權和創投。

這時，沙賓法案讓公司上市這件事變得很昂貴，許多企業認為：「我們不要上市就好。」有些創投家是在這種環境下長大，他們便回應：「那我們就當成長型創投。」其中有一些規模變得更大，取得後期階段的資金，例如馬克・安德里森。很多私募股權基金看著過去那種「用負債把整間公司買下來後下市」的模式，覺得這根本沒有那麼好賺，於是決定當個不上市的創投。

有些私募股權公司自稱為「成長股權」（growth equity）。股權仍是私人，但不是以前那種「負債買下公司、下市，用槓桿股權報酬大賺一票」的模式。當然，大型私募股權公司也有債務部門，並利用槓桿結合全資保險公司的資產負債表，以創造獲利。

現在的私募股權公司會投資成長中的私人企業，延後其上市的時間，這可能會令他們槓桿收購的前輩大吃一驚。現代私募股權公司，會和後期階段的創投公司一起投資。

私募股權，跟創投很像

私募股權和創投很像，因為**私募股權傾向與後期階段的創投公司共同投資**。有大型的私募股權公司，同時也有被稱為中階市場私募股權，有點像商人銀行（按：merchant bank，主要為企業客戶提供顧問與諮詢服務，與一般商業銀行不同）。

如果這些術語讓你眼花撩亂，別擔心，其實我也覺得很混亂。而且，我還有個有趣的故事可以跟你分享。

我在南加州大學攻讀ＭＢＡ時，需要尋找夏季實習的機會。我去就業服務中心，翻閱一本介紹工作的書。我心想：好吧，我就向這一大堆公司申請實習，接著練習面試，因為我只要遞出履歷就好了。但結果證明，我這種想法真是蠢到不行。

我曾經毫無準備就進入一場面試，面試官問我：「你為什麼要進入商人銀行？」我怎麼回答？我當時根本不知道商人銀行業在做什麼。當然，如果你不知道也沒關係，因為這不是常用詞。但我去商人銀行面試前，應該要知道！

我說這個故事的目的不只是在告訴你，我們必須為面試做足準備。而且，這也是在鼓勵你：我們都會面對新的專業術語。

商人銀行是想要貸款、需要銀行服務，或想要與其他公司合併的中級市場未上市公司會尋求協助的對象。因為這種公司規模較小，不符合大型投資銀行的標準（或負擔不起他們的費用）。現在，反而是需要募資的較小型企業和上市公司會找上商人銀行。

這其實有很大的灰色地帶，投資銀行、商人銀行和私募股權所參與的都是同樣的市場，而且是私募股權可以投資的市場。商人銀行也可以將私募股權公司介紹給一般企業。

不買上市公司股票，獲利從哪來？

我對私募股權公司的定義是，名下擁有未上市公司（全部或部分）的公司。這可能是因為這間公司已經下市，或還沒上市。也許是因為這間公司的槓桿超高，就像以前的槓桿收購那樣；也許是因為公司需要成長資金，但不想要上市。

較小型的成長型私募股權公司可能只會買未上市公司的股權，而較大型的私募股權公司，則看起來比較像投資銀行交易公司的資產，有槓桿部門、債務部門、不良債務投資組合、證券化投資組合、可運用資產負債表的全資保險公司、基礎建設投資（綠能、太陽能農場）等其他部門。

諷刺的是，這些大型私募股權公司看起來很像一九六〇年代的大型企業聯合，這些正是他們以前攻擊的對象。

但關鍵在於「私募」。**私募股權公司並不買上市公司的股權（也就是股票），除非他們打算讓這間公司下市**。私募股權公司擁有未上市公司部分（或全部）的股權，**獲利來自旗下公司的股權價值提升**，這就像是共同基金。舉例來說，當基金擁有的蘋果股票價格上漲，基金就會賺錢。而這些公司則是在他們投資的未上市公司價值提升時獲利。這和指數股票型基金（exchange-traded funds，縮寫為ETF）或股票價值上漲，投資人就能獲利是一樣的。這些公司是在賭股權的價值會上升。

私募股權公司也能為這些企業提供融資，但這樣就會變得更複雜，這裡我們需要的只是簡單的定義。如果他們提供融資，就可能是利用槓桿團隊來提高公司的槓桿，以獲得更高百分比的報酬率。這看起來有點像槓桿收購，公司可能有一個部門投資於這個交易的股權，另一個部門則投資於這些債務。

頂尖私募股權公司對債務有一個重大的改變，那就是過去十年來的利率超低。當利率只有一%或更低時，你要如何透過融資給別人來賺錢？就像創投公司一樣，私募股權公司也會收取績效費（通常是二與二十：資產二%的管理費，與交易獲利的二〇%績效獎金），但當利率只有一%或二%時，你要怎麼收取績效費？利率只有二%時，就不會有人願意會付你二〇%。你可以用負債把股權提高，但是利率或環境若有任何一點改變，整筆投資就會血本無歸。

頂尖私募股權公司發現，他們可以擁有一間壽險公司，並讓壽險公司投資這筆債務。私募股權公司可以獲得這些高額的報酬，且因為不需要馬上賣出，他們可以承受槓桿帶來的劇烈波動。

私募股權公司是要賺錢的。你可以看KKR，這是最早從事槓桿收購的公司，現在已經是私募股權公司了，但他們有一個創投部門。以槓桿收購賺不到錢，但有很多未上市公司規模很大且持續成長，私募公司發現這是可以賺錢的方式，他們就會跟著錢走。

錢會自己尋找熱門的東西。這些公司以適合他們自己的方式轉型，而不只是變成創投公司。創投和私募有何不同？這兩種產業都可以說：「我把錢投資於未上市公司。」但兩者還是有幾個不同點。

後期階段的創投公司，和私募股權公司很相像。他們都會僱用曾在投資銀行工作的人，**但私募可能比創投更像投資銀行**。較大的私募股權公司會有較大的債務部門，並擁有保險公司，而創投公司則沒有。

後期階段的創投，會投資像是Airbnb上市之前的公司（如果公司會上市的話），他們只需要很多錢做廣告吸引客戶。當你分析這些後期階段投資，就會發現創投和私募都在其中。他們的分析師和合夥人也在做類似的工作：投資熱門交易時，也做現金流和投資報酬財務模型，以判斷哪些交易最有利可圖。如果你研究這種後期階段創投、規模較大、較成熟公司的投資人行為，就會發現私募股權和後期階段創投之間幾乎沒什麼差別。

那麼初期階段的創投呢？投資於種子輪和A輪、B輪投資的公司，就和私募股權很不一樣。你不太可能在這些領域看到任何私募股權。**這是因為初期階段創投在想像他們的創新發明，會如何改變未來，以及這是否符合其投資邏輯或對未來的展望，**但他們不會做很多財務模型。而**私募股權（還有後期階段創投）則會做很多財**

務模型。

為什麼有這麼多模型呢？在米爾肯的年代，他們會用最大槓桿買下公司，這樣股權投資人才能得到二%或三%的獲利——數字越小越好，因為這表示槓桿更大。槓桿越大，當一切順利時潛在的報酬率就會越高。

槓桿收購的模式持續了很多年，直到後來不再適用。高度槓桿的公司及其投資人撐不過經濟衰退，尤其是持續整個一九八〇年代的槓桿收購後，遇到一九九〇年的衰退，許多股權投資人血本無歸。這就是為什麼傳統槓桿收購公司會需要曾在投資銀行工作的「試算表專家」，來幫他們推算財務模型，這是為了生存。

由於創投不處理債務，他們只會做後期階段公司的現金流和報酬的模型，以前到了這個階段，公司早就上市了。

但現在的私募股權公司很多元，就像未上市的市場，他們有很多基金可以管理。舉例來說，風電場的課稅平等和其他東西就永遠不會進入股權市場。以這個例子來說，你可以組織一個課稅平等投資組合並賣給谷歌，讓他們減輕高稅率負擔。

你可能會問：「這聽起來都很好。但艾美，我要怎麼領到投資報酬？」

這行只招募最頂尖的人才

在私募股權工作獲得報酬的方式，和創投一樣，你也有員工、合夥人、高階經理人，也像在投資銀行工作，會一直晉升。通常你要先在投資銀行工作一、兩年，可能是高盛、摩根士丹利（Morgan Stanley）或巴克萊（Barclays）。

當每一屆大學畢業生在頂尖投資銀行工作十八個月後，私募股權公司會有一個「超級面試日」（super day），他們會請所有他們感興趣的人在這天來公司面試。當這些年輕人在頂尖投資銀行（例如高盛）工作兩年後，頂尖私募股權公司會在此時挖角他們（稍後我會說明，為什麼投資銀行允許這種事）。

你的薪水會和在投資銀行時差不多，只不過投資銀行是個比較成熟的產業。高盛在一九九〇年代上市時，合夥人賺了一大筆錢，但那種日子早就過了。你管理大型私募股權基金，或未來自己開公司能賺到的錢，遠比待在投資銀行來得多。

假設你晉升成為高階經理人或合夥人，就像上一章所介紹，**你開始拿到部分獲利分成。其中一個方案是二與二十：管理資產的二%以及獲利的二〇%，後者要和合夥人及公司拆帳。**公司的任何獲利，不論是投資債務和旗下的保險公司，或是公司投資的企業股權的獲利提升，公司都可以拿二〇％。

管理基金的人領取二〇％分成的一部分，當這個人從高階經理人晉升至合夥人，他得到的分成也會更高。舉例來說，如果你管理一檔五百億美元的基金，而基金經理人分成可能達到一〇％（也就是二〇％的一半），你的團隊就可以得到五十億美元，這筆錢要由合夥人和基金經理人拆帳。

有些公司的人賺非常多錢，讓我們來想一想這個機率。**頂尖私募股權公司只從頂尖的投資銀行招募人員，而這些投資銀行只從頂尖大學（例如常春藤盟校）招募員工**。如果你錯過了這個財富高速公路的匝道怎麼辦？**說實話，這個匝道只有少數人能進入**。

而有些人選擇私人財富管理。

雖然我建議不要利用私人財富管理，當成進入投資銀行的跳板，但如果你不是能錄取高盛或摩根士丹利的菁英，這仍是一條可以進入私募股權公司的路。

記住，雖然私人財富管理這一行的獲利不錯，工作與生活的平衡比在私募或投資銀行更好，而且可能是進入私募股權的後門，或至少可以做一些有趣的私募股權交易，重要的還是長期的目標。你要從富豪客戶的觀點來看，他們想要的往往是有點年資和經歷的人來管理他們的錢。

我有些朋友就成功利用私人財富管理，進行私募股權類型的交易，創造出相當大的財富。

第一個朋友想要進入高盛，但他只找得到私人財富管理的工作（回想一下我在第四章所說：建議你選擇大銀行財富管理或較小型銀行的投資銀行員工作。這個人做了「錯誤」決定，但他後來扳回一城）。他加入後，發現財富管理無法讓他進入投資銀行，而且更糟的是，他的工作都在打陌生電話給客戶，但對方同意的機率非常低——富豪早就有自己喜歡的財富管理者了。

於是，他去找當時的有錢人：新創公司的創辦人。他在馬克・祖克柏和雪柔・桑德伯格（Sheryl Sandberg，前 Meta 營運長）經營還沒上市的臉書，且沒有多少錢可以管理時就認識他們。他放長線釣大魚，為他們介紹生意、建立信任。

現在，他擁有自己的公司 ICONIQ Capital，仍管理著祖克柏和許多億萬富豪客戶的錢。

另一個例子也是我的朋友，他取得 MBA 學位後就在投資銀行工作。接著，他在許多家族辦公室工作，其中包括了亨利・羅斯・佩羅。後來他和妻子搬回美國中西部的老家，仍在做交易。他建立了由兩間當地貨車公司組成的小型收購案而成立的公司，這個收購案很成功，他因此賺了很多錢，並成立自己的家族辦公室。後來，有個朋友請他幫忙管理資金，他也做得很好。

他的兩個兒子大學畢業後花了一年的時間，參加各種音樂祭。他本來有點失望他們沒去歐洲，得到更多的「文化」體驗。他們從火人祭（按：Burning Man，一年一度在美國內華達〔Nevada〕黑石沙漠〔Black Rock Desert〕舉辦）帶回來一個禮物：一雙卡駱馳（Crocs）涼鞋。為了讓兒子高興，他穿著涼鞋、洗他的保時捷，而他非常驚訝這雙涼鞋這麼好穿！

他穿著這雙鞋參加下一年度的火人祭，遇到卡駱馳創辦人，接著他買下公司部分股權，幫他們增加產量，接著公司上市。現在呢？他管理一間多個家族的辦公室，管理資產超過七億美元，同時訓練他的兒子接班。

我要說的最後一個例子也是我的朋友，他大學一畢業就進入摩根士丹利從事財富管理。他的工作內容，也是打陌生電話給潛在客戶，和第一個例子一樣，他發現很少人會願意讓大學剛畢業的菜鳥管理他們的財富。

於是，他開始在不同的地方開車到處轉。他發現，有許多地方的人有足夠資產僱用一位財富管理師，但他們的財富沒有多到能成為摩根士丹利的客戶。他便開始挨家挨戶敲門、自我介紹，在社區裡建立起人脈。他就這樣建立起自己的事業，現在他經營自己的公司，至今仍專注於管理客戶的投資組合。

第三個例子比較接近傳統的財富管理，而前兩個則是私募股權和私人財富管理公司的混合。

就算你錯過了頂尖私募股權公司相當難得的機會，私人財富管理也可以是獲利豐厚的工作，視你的客戶群而定，這個工作可能和私募股權有很多類似的地方。接著，我們再把話題拉回典型的私募股權。

這是個週期性產業，有時沒交易可做

你可能覺得私募股權聽起來很有趣，或許你的朋友在談論著進入私募股權公司。也或許你比較喜歡交易，例如在投資銀行工作，但你要保留你所買進的公司，並根據這些交易的獲利決定你的績效。也許，你想要的是做更多交易，而不只是像創投那樣投資成功機率低的公司。那麼我們接著來看看這個產業的優缺點。

這是個週期性的產業，但不像投資銀行或創投那麼受到週期的影響，有時候可能完全沒有交易可做。**私募股權就算完全沒有交易可做，還是有公司要管理。**較大的私募股權公司較多元化，所以各個部門可能會在不同的經濟情況下有較好表現。在私募股權公司工作的波動性，比較沒有避險基金投資組合經理人那麼大，後者可能做了幾次不好的交易就倒閉了。

也許你覺得風險和劇烈的波動很刺激，或想要根據創辦人的夢想來投資。但如果這兩個都不是你想要的，那麼加入私募股權公司，專注於稍有經營績效且較穩定的未上市公司，可能是最適合你的路。

此外，這也是一個高度信任的產業。**你可能會覺得自己比較像是在幫忙，而不是管理上市公司的投資組合**。私募股權公司擁有這些公司，所以管理團隊需要你的資金、指導，甚至是未來的合併案。

如果你的工作滿足感來自於薪酬有很多位數，管理對你來說可能沒那麼重要；但如果你的動力來自於幫助其他企業，這份工作對你來說就會很有成就感。

這個產業的新人，工作內容幾乎全都是對你所擁有的公司、你所做的交易、正在執行中的合併案預估（未來）財務報表模型，還有預估兩間公司的財務合併情況，或某間公司的財務增加或減少槓桿的情況會如何等。

如果你在投資銀行工作，討厭做財務模型和交易壓力，對你來說這就不是正確選擇。**如果你討厭這些有如「消防演習」般的行動、工作到深夜、無法控制自己行程的工作（這是有很多交易案要處理的人所過的生活），那麼從投資銀行跳槽到私募股權之前，請三思。**

如果這些缺點都沒嚇倒你，而優點對你來說特別有吸引力，我們接著就該談談如何進入這個產業。

喜歡這行嗎？像要跟它結婚一樣考慮它

在我們討論如何進入私募股權領域前，先談談為何選擇這一行，而不是選擇創投。這兩者在投資的後期階段很類似，你該選擇哪一個？

這是程度的問題。**你喜歡做財務模型嗎？如果喜歡，私募股權可能比較適合你。**我的學員中，在私募股權業最成功的那一位非常愛做財務模型、建立迴歸模型，以及做重大交易。但他不喜歡有很多不確定性的事，例如：選股、思考未來、考慮可能發生的事，這些對他來說都不是很有趣。想辦法組織超複雜的交易、排除幾乎所有的風險，並建立優勢（不對稱交易）對他來說非常有趣！

有些人喜歡私募股權的這種工作，他們會負責建立所謂的不對稱機會，成功機率很高，失敗機率很低。許多最厲害的避險基金和私募股權基金經理人，都是厲害的撲克牌玩家。不對稱交易就是他們的終極目標。

喜歡私募股權的人也熱愛金錢和權力，我認為正在讀這本書的就是這樣的人。如果你讀到這裡，可以承認這件事，不必有罪惡感。

在私募股權工作表現好的人，都是喜歡數學運算的人。他們喜歡建構數學模型，而且他們比較喜歡用數學模型做商業決定，所以偏向避開風險。但是，創投公司（尤其是初期階段的創投）要做的就是一直建立人脈，還有相信你的公司團隊、相信他們可以改變未來。簡單來說，**這是數學與行銷的差別**，但現在這個差別已經沒那麼明顯了。

創投以前只投資別人不願意出資的小公司。他們投資於創新，只要公司可以上市就會上市。和他們相反的則是KKR和槓桿收購，他們收購效率不彰、過度膨脹的上市公司，讓公司下市，而他們會借很多錢來收購。這兩者是完全極端的兩種不同類型，極少重疊或類似的部分。

以前我可以告訴你：「如果你想要做惡意接管，像投資銀行那樣擁有自己的投資組合，就去私募股權公司；如果你想要夢想未來的樣子，並融資給創新構想和冒很大的風險，就去創投。」但現在，則要視創投公司和私募股權公司的特定策略而定。

假設你看了以上敘述後認為：「我喜歡做數學模型，我想進私募股權。」首先該怎麼做？

開始的第一步是進入投資銀行工作。不同於創投的是，你在顧問公司工作之後，也許可以進入創投，或是你工作的公司被收購或上市，而你被創投挖角。當然，在私募股權這一行，這些事也是有可能發生的。或者你也能像我的朋友，透過財富管理建立起自己在私募股權角色的路線，進入這一行。但重點是：你在投資銀行以外的地方工作時，被私募股權發現並挖角的可能性非常低。

在私募股權工作的人，九五%的人是出身投資銀行。

另一個進入創投的方法，是進入後期階段的創投公司，接著你決定：「這工作好爛，我想到私募股權工作。」也許你可以跳槽到看起來像創投公司的成長型私募股權公司。

但是，如果沒有投資銀行的經歷，幾乎不可能進入私募股權公司。這些公司都是從投資銀行挖角，沒有別的方法。雖然你可以在大學畢業後，馬上在中階市場私募股權公司實習，但這種是較低階的公司，獲利潛力比較小。頂尖的私募股權公司賺的錢很多，他們能付很多錢給已經有能力的人才，所以他們只從頂尖的投資銀行挖角，例如高盛、摩根士丹利，他們都會訓練員工。

若要在頂尖私募股權公司工作，你需要進入大型投資銀行，接著去超級面試日。如果你讀到這裡，但超級面試日已經過了，不論是因為你後來才發現你想要在私募股權公司工作，或因為你沒有大型投資銀行的工作資歷，都不需要擔心，因為私募股權的世界不是只有頂尖的公司而已。

你可以將目標定為中階市場私募股權公司，先在中階投資銀行或商人銀行工作。這時，你會與中階市場的私募股權公司合作，他們做的專案比較小，但非常有趣。先試試看你喜不喜歡。先了解這些公司，等到時機對了，你就可以靠自己建立人脈的本事，得到中階市場私募股權公司的面試和工作機會。

大型的私募股權公司都會讓頂尖的大型投資銀行幫他們訓練員工兩年。如果你想知道為什麼這些投資銀行不會抱怨員工被挖角，記住一件事：跟著錢走。這些銀行向私募股權公司收取高額的費用。**高盛和巴克萊願意讓員工被頂尖的私募股權公司挖角，是因為這麼一來，這些頂尖私募股權公司比較可能繼續和他們合作。**

這有點像明明政府薪資很低，但高盛的人還是會為聯邦準備理事會（Federal Reserve Board of Governors，簡稱聯準會）工作一樣。一旦你在聯準會工作，你就會認識央行的所有人，當你再回去高盛時就可以賺很多錢。

除了投資銀行訓練私募股權的員工外，這兩種行業還有另一個關聯。私募股權公司本身很像投資銀行，不過，投資銀行已不再是輕鬆賺進財富的路徑了。以前可以很輕鬆，但現在已經不是如此，雖然合夥人能賺進很多錢，但大部分投資銀行都已經上市了，所以員工能做的私人投資有限。如果你在投資銀行工作，就不可能成為成功的天使投資人，因為投資銀行對能做的投資有很多限制。

除了威廉布萊爾（William Blair，美國獨立投資銀行）之外，這些銀行都已經上市。當高盛上市時，許多高盛合夥人賺了不少錢，但這些機會大多已經沒了。投資銀行的利潤被壓縮，但你在私募股權還是能拿到二與二十的分成。

除此之外，這兩種幾乎是一樣的工作。你的工作是處理交易專案，不過，在投資銀行你是為客戶處理，收取費用後就結束了；而在私募股權公司，專案就是你的生活。專案會在你的投資組合中，是你未來績效的一部分。在投資銀行和私募股權，你都要預期前景，思考客戶是否該買某間公司。你要分析不同的專案，分析私募股權或公司客戶可以為投資銀行發行的股權。接著你要向客戶提案。或有時候客戶會找上你，並告訴你：「我想買下一間公司。」

例如，SpaceX創辦人伊隆．馬斯克說：「嘿，我想買推特。」推特回應：「最好是啦，把錢拿出來看看。」馬斯克就去找投資銀行（例如摩根士丹利），他們查看馬斯克帳上的負債、他的SpaceX和特斯拉（Tesla）的持股價值，以及這些持股可能的波動，銀行說：「伊隆，我們可以借你五百億美元。」

馬斯克接著說：「摩根士丹利能提供四百六十億美元，我要出四百五十億美元買推特。」此時，推特就必須認真看待這個收購的提案了（按：二〇二二年十月二十七日，馬斯克以四百四十億美元收購推特，並於隔年七月將其改名為X）。

你可以採取和投資銀行一樣的路，以進入私募股權公司，私募股權會有很多專案可以處理。唯一的差別在於私募股權公司的專案是你的，因為一旦你買下一間公司，它就會成為你生活的一部分。

如果是投資銀行，你要推薦專案、做試算表，客戶會決定要不要選擇你推薦的專案，而你會收到處理專案的費用。投資銀行比較有動力做專案，但私募股權比較想要確定專案是好的，因為買下來就是他們的了。

專案模式一樣，但**對私募股權來說，你要想的是：我要結婚了，我得和這個人生活；而投資銀行的想法則是：我要想辦法讓對方同意和我約會。**

想進入這一行，還有一件事要注意，那就是進入產業的時機。我們再來看一遍第一章的故事主角——艾迪．史密斯。

能力夠強，公司直接創一個職位給你

艾迪的父母沒有大學學歷，因為他們為了扶養他而從大學休學。他們都是很聰明的人，自學理財。艾迪跟許多剛離家上大學的年輕人一樣，他不知道父母的理財能力到底如何，但他確實知道一件事：他們要艾迪盡全力追求他想要的事。

第一次見到艾迪時，我正在指導一個如何進入華爾街的研討會。他走向我，然後說：「我一定要證明自己，因為我本來要進耶魯大學，但我現在在加州大學聖地牙哥分校。」而我對他說：「我有一個投資社團，你可以來看看你喜不喜歡。」

於是，艾迪來到社團。我為每一位學生指定一個股票代號，每兩週聚會一次，學生必須分析我指定的公司、公司的供應商，還有整個生態系統。

我和艾迪變得比較熟之後，發現他有個親戚在航空器製造商波音（Boeing）工作。於是我說：「我要指定你分析航空業的公司，你要查出這些供應商的訂單何時會達到高峰？哪一間航空製造商會拿到比較多訂單，是波音或空中巴士（Airbus）？哪一間製造商合作的供應商比較多？」這類思考方式，其實是進入產業工作幾年後，年薪百萬美元的分析師要做的事，而不是大學新鮮人要做的事。但如果我不這麼做，我怎麼知道他的極限在哪裡？

當他下次來社團時，交出一份看起來像是在避險基金工作五年的人，才會做出來的報告。內容詳細說明這些公司所有執行長來來去去的不同政治後果。

走出會議室後，我問艾迪對事業的想法。他還是很拚命想要證明自己，因為他本來要上耶魯大學、加入美式足球隊，但在入學前三個月，他的膝蓋受了傷。耶魯大學說他的成績不夠好，無法光憑成績錄取他。當時他沒有其他備案，便申請加州大學聖地牙哥分校。

艾迪說他想要做管理顧問工作，因為這種工作機會比較多，比較容易得到工作。而我說：「以你的才華，你絕對可以進華爾街。只要把重點放在這上面就好。別擔心，我保證你會成功的。」

艾迪覺得他還是沒有證明自己，我告訴他：「你還年輕，你可以解決這個問題。」於是，他申請進入達特茅斯學院（常春藤盟校）並錄取了。他進入達特茅斯的許多投資社團，並介紹股票。他們對他的能力非常驚豔，入學達特茅斯六個月後，艾迪就負責所有投資社團的管理。

雖然艾迪覺得自己「落於人後」，是因為他念加州大學聖地牙哥分校，但更重要的是他知道自己想要什麼，而很多學生不知道。當別人還在思考：「我想要從事銀行業嗎？我想當顧問嗎？」他已經知道自己要什麼了，接著他建立人脈、進入各個不同的銀行，因為他專注於他的目標。

他比達特茅斯的其他同學都還要專注，所以他得到十間頂尖投資銀行的面試機會。艾迪面試一間頂尖投資銀行後，接受了那裡的實習工作，因為他覺得對方對於還只是大學生的他所抱持的看法很感興趣。他在夏季實習，和所有專注於房貸抵押證券的人一起工作。艾迪在開放式交易廳格局的地方工作，座位旁邊就是那間銀行最資深的金融專家，整個夏季都沉浸在學習第一手的經驗。

那時艾迪知道：「就是這一刻，這些人創造出歷史性時刻。」他畢業後又回到那間銀行，加上他在達特茅斯第四年時研究了所有的金融史，後來成為證券化及其衍生性產品專家中的專家，這些正是令好幾間銀行倒閉以及造成金融危機的禍首。

所有人們避之唯恐不及的奇怪、晦澀難懂的金融主題，都深深吸引著艾迪，他回到那間銀行後，完全投入其中，向那些在金融危機中心工作的人學習，不論好事還是壞事，後來他便成了這個領域的專家。

艾迪很擅長製作試算表、做數學模型，而且還很擅長建立迴歸模型。這間銀行有一個部門專門負責建立迴歸模型，但艾迪在自己的團隊裡就會做了。銀行發現這件事，就提前讓他對客戶說明。

他直接面對一間前五大私募股權公司的好幾個專案。他們發現，艾迪非常了解模型的詳細資訊和所有複雜的迴歸模型，以及有些模型深奧難懂的假設——因為就是他建立了這些模型，任何其他團隊都沒有這樣的人。

雖然艾迪只是初級員工，但這間前五大的私募股權公司的合夥人會在節日或其他時候直接打電話給他。通常，前五大私募股權公司的合夥人只會打電話給銀行合夥人，但他們知道每次打電話給銀行合夥人，艾迪就會被找來回答問題，所以他們開始直接打電話給他。

艾迪在那間銀行工作了五年。他不是工作十八個月後，參加私募股權公司的超級面試日，而是**頂尖私募股權公司和他合作很久，最後乾脆針對他證券化的專長，創造一個職位給他**。在這個職位工作一年後，那間前五大私募股權公司合夥人因為和他合作過很多專案，後來直接打電話給他，並說：「你在許多方面都很有能力，但你最適合做的是管理專案的投資組合，我要你來為我工作。」

他現在如何了？他管理一個知名度很高的投資組合，快結婚了，而他還不到三十歲！

一個父母沒讀完大學，而自己念州立大學的人，可以進入世界上最難進入的私募股權公司。他必須非常努力，完全專注於目標上。即使艾迪一開始沒有進入常春藤盟校（他是轉學進去的）、父母沒有很好的人脈、不認識任何投資銀行的人（他在達特茅斯校友會建立人脈），他還是進入了私募股權公司。

唯一的問題在於，除非早一點入行，否則幾乎不可能進去。這是你在大學就必須思考的事。否則呢？你可以進入中階市場的私募股權。但如果你想進頂尖私募股權公司，除非早點進去，否則幾乎不可能。

如果你也想這麼做，但你的起步太晚怎麼辦？那麼你要進入一間商人銀行或中階市場的投資銀行。當然，有一些辦法可以進入更高層級的企業，但如果你想進入的是頂尖私募股權公司，就一定要按照我剛才說的方式。

如果你喜歡私募股權這份工作，那是好事。但萬一你不喜歡該怎麼辦？你從這份工作可以得到很多專案的經驗，這對避險基金、投資銀行或在收購公司工作來說，都很有幫助。

你可以利用這個專案的經驗回到投資銀行、在避險基金工作，或加入收購公司。你也可以為家族辦公室工作，這則視你的經驗而定，許多家庭辦公室名下擁有公司，而且會處理專案（合併、出售等專案），所以你的專長會有幫助，而一般財富管理業的壓力可能比較小（不必每個星期都為專案拚命）。如果你有他們想要的經驗和資格，你在私募股權公司工作的資歷，會讓你的履歷很好看。

九五％私募股權公司，只在超級面試日錄取新員工

如果你進入私募股權公司，終極目標就是成為基金合夥人或創辦人。以下是通

往那個目標的路，並按照實現的可能性排列。

首先，**你要在頂尖的投資銀行擔任初級員工兩年後，參與你喜歡的私募股權公司超級面試日**。進入私募股權公司擔任初級職員，把你的重心放在晉升，最後你會管理一檔基金。接著，你要設法成為私募股權公司的合夥創辦人，自己成立公司，或在你工作的公司推出自己的基金。

或者，你可以在**管理顧問公司工作三年，再進入私募股權公司擔任初級職員**。這條路成功的可能性低很多，因為九五%的頂尖私募股權公司是在超級面試日當天，錄取頂尖投資銀行的員工。如果你出身管理顧問公司，接著進入私募股權公司，你要往上晉升到你管理一檔私募股權基金。等你升到那個階段，就可以進入下一階段——設法成為基金的合夥人或創辦人。

而你可以走的第三條路，就是在和私募股權公司一起處理交易的創投公司中，成為高階經理人，這兩種公司都會投資於後期階段創投的成長型公司。你可以**以合夥人的身分，從創投跳槽到私募股權**。不過，這種情況也比第一種來得更少見。同樣的，你的目標是經營私募股權基金，利用你的經驗來創辦基金或公司。

你也可以是**被私募股權公司收購的公司創辦人，或在那間公司擔任重要職務**。

接著，你就可以利用你的職位，成為那間私募股權公司的高階經理人或合夥人。就像上面說的，你要管理一檔私募股權基金，成為基金的合夥人或創辦人。

但如果你對以上這些都沒有興趣呢？也許你想要更快的辦法，想要做更多數學模型，不想要建立人脈、為創投尋找專案。也許你想要像在私募股權公司建立模型，但你不喜歡長期投資。

或者你想要同樣高的薪酬，但就是不想七、八年都投入在同一間公司，創投或私募股權都是這樣。你想要更快的報酬循環，但也想要二與二十的分成。

如果這是你想要的，適合你的可能就是避險基金。

私募股權的致富之路

1	頂尖投資銀行（2年）→參與超級面試日→私募股權公司（向上晉升）→成為合夥人→成立公司／在原公司推出自己的基金
2	管理顧問公司（3年）→私募股權公司（向上晉升）→管理私募股權基金→成為合夥人／創辦人
3	創投公司（向上晉升到高階經理人）→跳槽私募股權公司→成立公司／創辦自己的基金
4	公司創辦人／擔任要職→被私募股權公司收購→成為高階經理人或合夥人

| 第 7 章 |

老方法，新規則——避險基金

我覺得我很幸運。

不是我要把自己塑造成老派的投資人，故事開頭說「話說當年」，但我必須說，我曾和億萬富豪一起工作。更幸運的是，我曾和世界上最聰明的人一起工作。

我認為最聰明的人是誰？雖然我們不應該偏心，但人都是偏心的。我們有最喜歡的寵物、最喜歡的孩子、最喜歡的億萬富豪老闆。以我來說，我認為最聰明的人就是葛倫．鐸謝（在此向其他聰明的老闆道歉，例如：戴夫．艾本、凱薩琳．尼可拉斯〔Catherine Nicholas，尼可拉斯投資合夥事業〔Nicholas Investment Partners〕投資長〕、亞特．尼可拉斯、麥克．米爾肯，還有很多人），他是低調的帕藍提爾資本創辦人，以老派的方式管理避險基金，雖然新的風格正開始流行，但他還是打敗了他們所有人。

一九九〇年代時，他管理一檔真正的避險基金，每年管理一個做多的帳戶和一個做空的帳戶，而且都賺錢（除了一九九九年，當時市場上漲很多，放空的投資略為虧損）。

有些人說我是大師，但這個人才是真的大師

認識葛倫．鐸謝時，我管理的基金贏得一九九九年全球第一名。即使有這樣的成就，我也開始感到不安。我工作的尼可拉斯艾波蓋特公司和媒體，都稱我為「科技大師」。但我當年才三十三歲，太年輕，不可能是任何東西的大師，更不用說科技了。我只負責科技股五年而已。所以，我想要去可以持續學習和成長的地方。

我有機會為葛倫．鐸謝工作，每一天都深感驚訝且覺得很榮幸。他要求我們分析師每一季都要和他一起去拜訪公司，並教我們如何提問題、如何思考公司、市場和產業。

他會對我們說：「**我們應該想一想，這個產業還會漲多久。**」這時，正好有某個產業觸頂，放空的時候到了。他在市場工作數十年強化的直覺無與倫比。

鐸謝非常聰明，而且是個極端的人。他曾被高中同學票選為「最可能死掉的人」，但他沒有死，他進入加州大學柏克萊分校（University of California, Berkeley），之後到賓州大學華頓商學院（Wharton School of the University of Pennsylvania，通常簡稱華頓商學院）攻讀MBA。畢業後，他在洛杉磯一間只做

多的投資管理公司工作，之後到美國信託公司（U.S. Trust Company），當時這間公司以深入基本面分析聞名。接著他搬到紐約，為性格多變、有「避險基金教父」之稱的麥克・史坦哈特（Michael Steinhardt）工作。

為史坦哈特工作確立了鐸謝的風格。

鐸謝在史坦哈特手下工作會有短期或長期兩種邏輯。當某一檔個股的走勢與他的操作相反，他走進史坦哈特的辦公室時擔心會被罵（這是很合理的預期，因為史坦哈特以脾氣暴躁聞名）——他的確被罵了，但不是因為那檔個股的績效而被罵，而是麥克・史坦哈特要更多證據。

如果股票的走勢「錯誤」，他會要求鐸謝做比以前多三倍的研究。他會要求他和更多人談論、閱讀更多企業10－K年報（按：美國證券交易委員會要求上市企業每年提交的財務報告）。當你做完這些事，是否比一開始時還要更堅定三倍？那就把你的部位加碼。大部分的避險基金老闆會停損，但史坦哈特不會這麼做。如果有證據讓他相信自己的投資邏輯，他會更堅定。

葛倫・鐸謝和麥克・史坦哈特一起創造了一些重大的投資勝利。後來，鐸謝自己開了公司帕藍提爾資本。

加入帕藍提爾資本時，一九九九年底我的一些空頭部位，到了二〇〇〇年初時遭遇重大的虧損（我們原本預期會下跌而放空的股票上漲），有時這種虧損會加倍，也就是說我們虧損會超過一倍。我會問鐸謝，要不要趁還能出脫時趕快逃。而他會要求我做更多研究，我會帶著更多證據給他，這些證據支持我們的投資邏輯，接著他就會加碼。

我能想到最瘋狂的例子是一間中國網路搜尋公司。市占率排名第二十。鐸謝說，中國不會有二十間搜尋公司，只會有一、兩間。於是，他就在大約三十美元時開始放空。

結果，股價飆漲到兩百美元（帳面上是原始曝險的六．七倍！）。當所有人都被軋空掃出場時，他加碼放空。接著，股價開始往我們的方向走，從兩百美元跌回三十美元（我們開始放空的價位），繼續跌到兩美元。到了兩美元時，我們大賺了十五倍（在兩美元時回補空頭部位，但我們已經在三十元時賣掉了，所以用兩美元買、用三十美元賣，等於報酬率是十五倍）。我們在帳面大虧之後終於賺到錢了，網路分析師愛琳．于（Irene Yu）曾在兩美元時建議回補（買回股票、結束這筆交易），但他根本不打算買回來。

他相信這間公司會破產，後來真的破產了。

他之所以能撐過這麼劇烈的震盪——空頭被強力掃出場——且能堅持下去，是因為他的投資組合結構有許多部位，所以沒有任何一個部位會使公司倒閉。

我們有數百檔相連的部位選擇權，且各自有不同的履約價、到期日、針對一檔個股做空和做多、多空配對交易，還有定期做多和定期做空的個股。某次他在夏威夷旅行時，股市劇烈震盪。他不想吵醒太太，但當時手機收訊還不是很好，所以他把飯店的電話拉到一片漆黑的浴室裡，坐在浴室馬桶上，憑著記憶講出四十檔交易，一個小時後，我們利用股市跳空重挫的時候，逆轉其中好幾筆交易。

我希望你讀完本書後，能找到通往龐大財富之路。但我更希望你有機會能和像葛倫．鐸謝一樣聰明的人一起工作。在避險基金時和他一起工作，我充滿感恩。

起源於不想曝險的有錢人

避險基金的起源是一些非常富裕的人「賺夠了」，他們想要參與市場的漲勢，但不想要下跌時的曝險。

因為他們做了完全避險，或只會得到部位的淨獲利（多頭部位減空頭部位），而非一般市場報酬率，這種避險的方式是持有相同量的多頭和空頭部位，這些投資人付的是淨績效，又稱為alpha（按：為希臘文的第一個字母α，意為最主要、最重要的）。這些基金收取的費用結構也和前幾章談及的二與二十（管理資產的二%和報酬的二〇%）一樣。這個費用結構的目的在於，讓客戶與避險基金經理人的利益一致，以著重於在任何市場情況下（漲或跌）的絕對報酬。

避險基金的問題在於，能力不好的經理人，不論是市場漲跌都會虧損。當然，還是有像鐸謝一樣聰明的基金經理人，他們的資產完全避險，工作時間長，以確保能為客戶提供最佳的策略。但也有很多經理人的績效不佳。

這有兩個原因。

第一，真正的人才被稀釋了。避險基金採取的二與二十收費結構，會吸引很多人加入，導致有很多基金經理人根本不了解自己的工作。結果，不論他們放空和做多都會賠錢。

管理一檔完全避險且賺錢的避險基金很不容易，但能從中收取的費用非常誘人，所以有些人會發明一些新方法來管理避險基金，收取費用，而不必選到最好的股票。一九九〇年代末期，為了因應這麼長的牛市及人才被稀釋的問題，開始出現槓桿做多策略，稱為一二〇／二〇和一三〇／三〇。

一二〇／二〇策略代表二〇％放空，並用放空的獲利買進更多股票（槓桿）至一二〇％做多。這樣來說，你是一〇〇％做多，但問題是，你的多頭和空頭部位兩邊都會虧損。

當我看到這樣的策略時，我想到一個問題：「既然要一〇〇％淨多頭部位，為何不支付只買進持有經理人（long-only manager）一％的費用就好，而是支付避險基金二與二十的費用？」並不是只有我一個人有這個疑問，機構投資人也提出同樣的問題，尤其是從二〇〇一年至二〇〇三年時，那些槓桿做多策略虧損幅度大於買進並持有的策略，卻仍向客戶收取更高額的費用。

第二，客戶是機構。避險基金原本是為富豪創造 alpha 獲利的工具，後來變成了機構投資人的資產類別，例如大學的捐贈基金就是這類機構投資人。在二〇〇一年至二〇〇三年的網路泡沫破滅後，當那斯達克下跌八〇％時，機構投資人就看到了投資組合避險的好處。

他們請來顧問、資產配置專家、指數專家，並尋求避險基金的幫助。較大型、更機構化的避險基金並不想讓他們的投資組合依賴明星經理人，因為明星經理人會跳槽，且每年的績效都無法預測。資產配置專家和顧問想要保護自己的工作與建議，所以會強制可重複、可衡量的風險管理（可衡量的意思就是量化）。

帕藍提爾資本當時做多我們覺得高品質的標的，做空低品質的標的。長期下來成果很棒，但某些時候，會發生高品質標的漲太多，而低品質標的很便宜的狀況，這表示低品質標的會反彈、高品質標的會拉回，我們就會暫時發生做多做空都虧損的情況。

機構投資人想要受到保護，大型避險基金想要資產成長（和收取更多費用），而不需要依賴明星選股人。所以，城堡投資公司（Citadel）出現了，完美執行均值迴歸（reversion to the mean）的操作，也就是配對交易（pairs trading）。

接著就是市場中立策略。城堡公司發現的解決之道就是對兩檔極為類似的標的，分別做多和做空，所以配對交易中有非常微小的追蹤誤差（tracking error）。他們會以這種方式操作幾十億美元以上的資產（二〇二一年時是三百五十億美元），並收取二與二十的費用，勉強維持一致的獲利，同時大幅降低波動性。

而現在，則有許多避險基金策略。

一、只做空：包括**尋找被高估的股票**，且通常要尋找其他投資人忽略的問題跡象，如果他們能找到會計假帳或其他類型的違法行為，就能大賺一票。

二、量化：這個策略會**使用很多統計模型，又稱為量化分析**（quantitative analysis，簡稱QA）。他們運用科技，甚至是使用機器學習，並根據這些數學模型交易。

三、事件驅動：此策略的重心在於**買進有財務困難企業的債務**，因為這可能有很高的潛在報酬。

四、全球宏觀（Global macro）：檢視**全球總體經濟趨勢**，著重於其**如何影響全球的利率、貨幣、大宗商品和股票**。

五、合併套利：這個策略在於從**合併案獲利**。合併案會受到很多條件的影響，例如法規是否同意，以及目標公司股東投票同意，**所以避險基金等於在打賭合併案是否會完成**。

六、可轉換債套利：這個策略是靠波動性獲利，著重於**交易可轉換公司債**，這是一種混合型的債券。

七、固定收益套利：重點是排除信貸風險，**著重無風險政府公債，從一個市場**

買進，再從另一個市場賣出。

八、市場中立（城堡公司的策略）：這個策略的目的是完全沒有淨市場曝險，多空的市場價值相等。

九、信貸：著重於信貸而非利率，交易複雜的結構化債務工具。

十、股權多／空：這是典型、老派的策略，**預期會上漲的標的就買進持有，預期會下跌的標的就放空**[19]。

十一、多策略（multi-strat）：像千禧管理（Millennium）這樣的基金有許多經理人類型，從上述的十種策略以及其他我沒有列出的策略中，選擇不同的策略。這是**一站購足式的選擇**，客戶可以把資金放在同一間公司裡，並在不同經理人之間挪移。這個策略成長迅速，因為這樣避險基金公司就可以把資金留在公司裡，而機構投資人也可以有更多的選擇。

19 尼爾．奧哈拉（Neil O'hara），〈避險基金的各種策略〉（*The Multiple Strategies of Hedge Funds*），Investopedia，最後更新於二〇二三年八月三十一日，https://www.investopedia.com/articles/investing/111313/multiple-strategies-hedge-funds.asp。

常見的避險基金策略

策略	說明
只做空	尋找被高估的股票；尋找其他投資人忽略的問題跡象（例如會計假帳）。
量化	又稱為量化分析，使用統計模型，並依此進行交易。
事件驅動	買進有財務困難企業的債務（可能有高潛在報酬）。
全球宏觀	檢視全球總體經濟趨勢，分析對利率、貨幣、大宗商品和股票的影響。
合併套利	重點在於從合併案獲利（也就是打賭合併案是否會完成）。
可轉換債套利	靠波動性獲利，交易可轉換公司債（一種混合型債券）。
固定收益套利	著重無風險政府公債，從一個市場買進，再從另一個市場賣出。
市場中立	針對兩檔極類似的標的，分別做多和做空。
信貸	交易複雜的結構化債務工具。
股權多／空	典型、老派的策略，預期會上漲的標的就買進持有，預期會下跌的標的就放空。
多策略	投資人可在基金內選擇不同經理人與策略，為一站購足式選擇。

研究一下你感興趣的領域。要記住一點，避險基金占機構投資人整體配合的比例較小，因為他們的投資比較偏向被動式只做多的策略，創投和私募股權基金在長期牛市中也是這麼做。

避險基金雖然獲利豐厚，但任何市占率下滑的市場本身就是一場苦戰。歷史介紹得夠多了，但當下才是最重要的，我們就來看一看現在的避險基金。

以前靠直覺，現在靠數學

避險基金是怎樣的產業？這其實非常受到基金的策略、你的個性以及你所加入的基金文化而定。一般而言，你的工時會很長，很可能一週必須工作八十小時（財報季時，甚至可能長達九十幾個小時），且壓力非常大，但成為頂尖避險基金公司經驗豐富的科技分析師後，你的年所得至少有一百萬美元。

若是自己推出避險基金的人呢？如果能募到足夠的資金，而且操作績效良好，就能賺進上億、甚至是數十億美元。不過，想走這條路，首先你自己要有很好的紀錄，而且認識一些願意在你單飛後支持你的客戶。

舉例來說，頂尖經理人卡爾・科洛克（Karl Kroeker）在城堡公司工作了十四年後離開，而這十四年的資歷及一致的績效，讓他在單飛後三個月內就募到二十億美元。

剛推出基金、要自己去見投資人的經理人，會經歷一場漫長的苦戰。他們通常不太可能很快成功。就算有很好的投資績效紀錄，若沒有機構投資人的人脈，恐怕連一千萬美元都募不到。如果你有一千萬美元，投資報酬率是八%，以二與二十的結構收費，基金管理費是四千美元，績效費是十六萬美元，但你的小公司得支付律師、稽核人員、技術供應商等其他費用，大約每年七・五萬美元，所以你只剩下八・一萬美元——這還是假設你沒有僱用任何分析師或助理的情況。這年頭，你得募到五億美元，才算是一個真正、有希望進一步成長的避險基金。

不論是做多或做空，你都有可能虧損。就算擁有避險基金可能很賺錢，但壓力也非常大，有時你會覺得公司就在你面前賠個精光。究竟什麼樣的人能在壓力這麼大的領域中賺大錢？誰能在避險基金世界有傑出的表現？

隨著避險基金的型態改變，能成功的人類型也改變很多。**以前，「直覺」很強的選股人，通常都是成功的避險基金經理人**。像葛倫・鐸謝這樣的經理人，結合了直覺與基本面的研究，這種人會逆風而行，不順應潮流趨勢，並下很大的賭注。

但現在的避險基金有很多是機構投資人，所以避險基金變了。**機構投資人想知道他們會得到什麼，就像去麥當勞、星巴克點餐，每次得到的東西都一樣**：你在全世界都會得到一樣的漢堡或咖啡。**機構投資人要知道報酬會是多少，而且想要一致的報酬。他們不要你某一年因為放空英鎊大賺一票，隔年卻血流成河**。

因此，避險基金產業的焦點已經變成一致性，這表示現在成功的避險基金經理人要經營很多模型。許多成功的避險基金都是多策略基金，例如城堡公司和千禧管理，他們很擅長做財務模型，並進行風險調節的操作。

在這方面，避險基金就像玩撲克牌。早期厲害的撲克牌手，很擅長用眼神令對手害怕、看出對方的小動作，並在對的時機下大賭注（就像丹尼爾·克雷格〔Daniel Craig〕演出《〇〇七首部曲：皇家夜總會》〔*Casino Royale*〕的詹姆士·龐德〔James Bond〕）。隨著撲克牌局的擴大，厲害的牌手現在都會針對風險進行調節再操作，找到終極目標：不對稱的賭注（獲利很大但虧損有限）。

風險調節操作是什麼？舉個例子說明，我們來看看這兩間公司：亞馬遜和谷歌。你不會說：「亞馬遜是好公司，我要買它的股票。」而會說：「我覺得亞馬遜的表現會比谷歌好，所以我要買亞馬遜的股票並放空谷歌，而且只要虧損不超過一〇%，我就會一直這麼做。」而如果開始虧損超過一〇%，你就會自動結束這筆操作，然後認定一定有什麼事情做錯了。

這就是在你的投資程序中納入風險管理。現在已不會像以前那樣大起大落的操作，因為現在避險基金最大的客戶都是機構投資人，而以前則大部分是富豪個人。

至於機構投資人是什麼？我以退休基金為例，過去退休基金只會說：「現在利率很高，我們只要向退休者保證每年八%的報酬就好。我們就買殖利率八%的債券，持有至到期日，並領取八%的收益。」這種方法很好，但是從一九八〇年代起，利率就下滑了。

這些退休基金想要給退休族好的報酬，於是他們決定把更多錢投入股市。但現在呢？他們投資於私募股權、創投和避險基金。機構投資人，例如加州大學的所有分校，加起來可能有兩千億美元投資於私募股權、創投、避險基金和公開市場。

這些機構投資人對退休者負有受託者責任。他們身為受託者，必須了解避險基金的風險管理政策是什麼。「如果價值下跌一〇%，有什麼因應措施？」這樣的思維與行為也進入避險基金，並影響他們決定什麼樣的人可以管理投資組合。

基金經理人仍是聰明的人，但現在主要都交給會思考風險調節的人。如果你有一檔個股的漲勢是五〇％、波動性達四〇％，而另一檔股票漲勢四〇％、波動性只有一〇％，你能非常確定第二檔個股的報酬，所以你會買這檔個股，縱使總報酬率較低，但它的報酬率波動性（也就是風險）低得多。這就是風險調節，而有這種思維方式的人，和以前的避險基金經理人是完全不同的。

當然，你還是可以賺大錢。還記得我們稍早提過的例子嗎？卡爾．科洛克，他離開城堡公司後，自己成立伍德萊合作夥伴（Woodline Partners），當大家都募不到資金時，他在不到三個月的時間內募集了二十億美元，然後他經營一個市場中立的基金，著重於投資半導體。

科洛克分析兩檔業務模式非常類似的個股及其走勢，並在這兩檔個股中，選擇他相信績效會比較好的一檔。他做多較好的個股、放空另一檔個股，這稱為配對交易。不論市場上漲或下跌，他都不擔心（也就是「市場中立」），因為他維持這兩檔個股的相對績效。這麼做是在利用長期下來兩者的小差距。

科洛克在城堡公司很多年來都是這麼做，這是其多策略方法的其中一個策略。因為他非常成功，當大家的避險基金都很難募到資金時，他能在短短幾週內就募得二十億美元。比較一下，同樣時間我為艾德倫資本（Alderan Capital）募集資金，花了超過八週的時間，只募到一百萬美元。

當時，我去拜訪機構投資人，但他們要等三年才願意投資，因為這樣他們才能看到我三年的投資績效。與此同時，他們卻排隊等著投資科洛克的避險基金，因為他過去的投資績效很好。當科洛克還在城堡公司時，他們就曾投資過他的基金，他在頂尖公司的策略就是風險管理，在完全無風險的情況下，還能獲得一些報酬，這依賴數學公式。避險基金這些年來，已經轉移重心並仰賴數學了。**避險基金不再靠冒險的「牛仔」，而是仰賴數學、統計能力好的人——靠的是機率。**

現在，你若進入避險基金工作，可能不會再做很大筆金額的交易，但這不表示你無法像科洛克一樣賺很多錢。我不知道他精確的收費結構，但像他那樣投資品質的經理人，通常會收取二與二十的費用，和創投、私募股權公司一樣。如果他管理二十億美元的基金報酬率為二〇%，那他會收取獲利的二〇%，也就是一年八千萬美元。雖然看起來沒有多到讓人驚訝，但這對他的公司來說是相當不錯的收入。

你可能注意到了，從以前像「牛仔」那樣冒險的年代，到現在依賴統計模型的轉變，不只是避險基金，私募股權和創投也是如此。金融業從暴賺暴跌路線，轉為獲利適中或獲利微薄但虧損很小。因為機構投資人往往會投資很多錢，他們當然不希望嚴重虧損。

投資的重點在風險調節

此外，我們在週期的哪個階段也很重要。

人類在團體中的表現較好，生存率也較高。我們傾向陷入團體思維，但這並不表示客戶也只會跟風——**我們傾向團體思維，是因為這對我們的生存最有利**。有人發現火很危險，就把這個發現傳遞出去，後來每個人都會避開火；有一些人會忽略警告，他們就會因為適者生存法則而被淘汰。

當市場漲了很久，人們會認為：「根本不必避險或主動投資，這只會讓你賺得比別人更少而已。」機構和散戶投資人可能會投資單一高風險資產，但一般而言，他們會開始投資指數。既然所有資產都在漲，何不買進收費低的指數就好？

而當市場下跌，人們又會說：「我們當初應該避險的，因為最近的跌勢很痛。把部分資產放進避險基金吧。」接著，幾個不需要機構投資人客戶也能生存的避險基金牛仔，在前六個月科技股重挫三〇%至四〇%時，放空科技股而獲利，六或八個月後就會得到機構投資人大筆資金流入。

而市場觸底時，這些機構投資人則會說：「早知道就應該投資更高比例的資金，給這些人做大額的交易。」（「這些人」指的就是那些避險基金牛仔）。情緒會高低起伏，視你在市場的哪個階段而定，這就是人類的本性。

大部分人選擇避險時，其實風險早就過去了；而市場每天都在上漲時，他們根本不覺得有風險。

一般而言，當市場成熟，機構投資人會帶動風險調節的行為，因此不論你在哪個產業工作，都會運用更多財務模型。你可以看到，自從創投提供英特爾資金以來，創投已經成熟了。雖然有些人不這麼認為，但創投在那之前就已經誕生了，很多人認為這就是矽谷之始。提供英特爾資金的天使投資人，後來成為創投。而現在創投的最大投資人是機構投資人。哈佛就是第一個投資於避險基金、私募股權和創投這樣的另類投資，這些另類投資變得更像是為大型企業工作。

當市場上漲，我們都應該投資指數，這看起來好像很顯而易見，因為付錢給別人創造績效看起來很蠢。所有資產都在漲，所有投資組合看起來都一樣。而當市場下跌，投資人則採取不同的策略：投資於避險基金、主動式管理的經理人、創投和私募股權。策略分歧，市場開始有些變化，機構中的個人開始問自己：「我當初應該怎麼做才對？」接著他們被董事會叫去問：「為什麼虧損三〇%？也許你不該擁有這麼多指數基金。」

機構會恢復舊的做法，僱用主動式管理的經理人做個別交易。他們會朝那個方向前進，卻是在錯的時機：市場拉回的時候。市場上漲時，押注市場會下跌的人績效通常都不好。人們會認為「這些人是贏家」，然後把錢交給他們，結果市場上漲，但這些放空的人沒有賺到錢。

因此，雖然我為避險基金牛仔工作得很愉快，但我仍認為做風險調節的交易，結果會比事情發生後才改變投資作風的循環要來得好。

參與避險基金和所有另類投資的機構投資人，在過去二十年至四十年來變得更像企業，這是總體趨勢。但在市場週期的過程中，人們又把錢交給喜歡冒險的人，結果投資績效很糟。

你可能會問：「談這麼多週期的事，對我的避險基金事業有何幫助？」

我們談的是你在十幾歲、二十歲的時候，想著你到了五十幾歲時的事業。如果你看到的市場週期，是人們開始尋找個別基金經理人及選股，你要知道這是暫時的。你要把重心放在了解風險調節的投資，以及了解你正處於市場的哪個週期。

你還是可以賺很多錢，但現在已不會有避險基金（包括一些我曾工作過的避險基金）能創造一〇〇%的報酬了。雖然我很不想這麼說：那種日子已經過去了（並沒有完全結束，你可能會看到一些較小型的避險基金，在市場動盪時做大額的交易並賺大錢），但大致上來說，過去比較多避險基金會做風險較大的投資。

就連我也是這麼做的！我在一九九九年時的報酬率超高，那是一檔只做多的共同基金。但是，當我的指標科技指數上漲一五〇%時，我的績效卻高達四九五%。我的投資長給我目標：「我要你當第一名，不論要付出什麼代價（當然，必須遵守公司和法律規定）。」於是，我尋找所有高度相關的個股，決定：我要投資半導體，我要投資網路。

我找到一些同步移動的個股。因為我管理的基金是一檔多元分散的投資組合，必須持有超過一百檔個股，但我的做法彷彿這檔基金只有六檔個股。我創造的投資組合可以冒的風險，比持有一百檔個股的基金能冒的風險更大。

以前就是這樣做大膽的投資、獲得巨大利益。你可能會看到有幾年是這樣的情形，但隨著避險基金越來越機構化，他們不會長期做這樣冒險的交易。你還是可以賺錢，但在避險基金工作，會比在私募股權和創投要來得困難。部分原因是避險基金經常是交易公開上市的股票，而機構投資人會說：「避險基金跟我們收取二與二十的費用，但我們買指數的費用卻是一%的十分之一而已。」

避險基金這個類別已經在萎縮，但如果你是像科洛克這樣的人，有能力募集二十億美元，就算是這二十億的二〇%獲利的二〇%，也是相當大的數字（八千萬美元）。只要你的方法正確，還是可以賺到高額財富。

現在，若你選擇這條路，你得在其中一間採取多策略的避險基金工作，例如千禧管理或城堡公司；認識你的客戶（他們是企業，你要花一點時間才會了解他們），並讓他們看到你過去的績效。當你累積了過往績效的紀錄，你就可以成立自己的基金，開始賺大錢了。

這裡實在有太多資訊要消化了！而接下來，你可能想問：在避險基金工作的日常生活是什麼樣子？

我在避險基金，一週工時八十小時起跳

上一章中，我們提到投資銀行業，而避險基金和投資銀行或私募股權公司很相似，因為你要找出市場上哪些個股在動，以及發生了哪些事。不論是加密貨幣或是股權，你要盡可能找到所有的資料。

不同之處在於，你是在公開市場上，而且每一秒都在報價。相較於私募股權或創投，**避險基金的意見反饋快得多**。你做了一筆交易，市場說：錯、錯、錯，然後是對、對、對，接著又是錯、錯、錯。隨時都有新聞，當新聞出來時，你就會看到市場的反應了。

你可以隨市場起舞。通常市場會走反方向一段時間，你必須相信自己是對的，但也必須有風險管理政策，才不會還沒證明自己是對的，就先被市場掃出去了。

以我的故事為例。我在帕藍提爾資本工作時，應該是在避險基金工作的典型情況（不過，帕藍提爾資本每一位分析師所追蹤的個股，比其他公司的分析師還要多，因為鐸謝相信要付分析師更多錢，但人數不要多，這樣才不會「稀釋」分析師的品質）。我在美國東岸工作，這是個優勢，因為這樣我就可以睡到早上五點半才

起床，我一天的生活通常是這樣的：

早上五點半起床，約六點十五分到辦公室。我會先讀完前一天的所有新聞，以了解我們的股票會如何反應，並讀完所有券商的電子郵件，看看他們對於前一天晚上的新聞有什麼看法，以及有哪些針對我們股票所做的研究。

早上七點十五分，我會和投資組合經理人（基金的老闆葛倫．鐸謝）開會，給他第一份下載的新聞和分析。我們有三位分析師和一位交易員，每人負責幾百檔個股，在會議上花十至二十分鐘交換重要資訊。第一場會議約三十至四十五分鐘。

接著從東岸時間早上八點到八點三十分，我們會閱讀、思考過去一個小時新聞媒體和券商傳來的消息。如果我對某間公司有疑問或擔心，我會用手機打給管理團隊，請他們解答。到了八點三十分，我會和投資組合經理人鐸謝通電話，給他這些消息，報告速度得快，因為他要在開盤前下決定。第二次通電話時，我們每個人都會說三至五分鐘，這通電話會議持續時間約十五分鐘以內。

早上九點開盤。

投資組合經理人會在開盤時交易。一天下來，我會參與法說會和券商主辦的電話會議，也會直接打給經營團隊、了解公司情況。其他還有開會了解新公司的情況、出席新股首次公開發行會議等。

接著我會閱讀和撰寫研究報告，這些都是一整天要做的事。我會關注股票交易，並說：「某檔股票下跌了，我們先打給公司和賣方分析師（按：這裡的賣方〔sell-side〕指券商或投資銀行的研究部。這些賣方本身不做交易，而是做個股或產業的研究報告，並將報告賣給「買方」〔buy-side〕分析師，賣方所賣的是研究資訊，而非投資標的。買方則是大型機構投資人，例如保險公司或投信投顧等真正做個股交易的人，買進研究報告，而非買進個股或投資標的），看看他們有什麼新的消息，也許買進更多；另一檔股票賣掉一些，因為它漲太凶了。」一整天下來，我看著大盤、看著新聞、開會。基本上就是一次要處理十件事。

收盤後，我會看看當天發生的事。我的績效如何？是否錯過了什麼需要知道的事？我會看收盤後公布的財報、接電話、寫當天的報告，然後推薦個股。我對這些財報的看法如何？是好還是壞？這些財報和我的預期、市場的預期比較結果如何？這是否改變我對這檔個股的操作方式？

如果市場對財報反應過度，我就可能要和公司的經營團隊還有分析師聯絡，建議他們買進更多股票。我會告訴投資組合經理人，我要在哪個價位買進更多，或是持續買進，直到觸及某個價位就停，把這些全部寫下來、寄出去給那間公司。接著，我會開始研究其他我可能想要持有或放空的公司。

這些通常會讓我工作到晚上八點半。如果不是財報季，我會在收盤後訓練我的馬匹（我練習的是奧運級馬術）。結束訓練後，我會在家工作直到晚上十一點，隔天再開始一樣的循環。

非財報週時，我一週工時大約是七十五至八十小時。到了財報週，我的一週工時會長達一百小時，通常會有四天要工作二十小時，週五工作十小時，週末則工作十小時以趕上進度。

我怎麼一天工作二十小時？我住在離公司很近的地方，工作的同時用餐和運動。我所選擇的運動是在跑步機上走路，或拿著筆記本和錄音機，以一．五倍的速度重聽財報會議、寫筆記和練舉重。我的基金公司每天供應三餐。

我在辦公室工作二十小時，花十二分鐘回到家，五分鐘後上床睡覺；接著起床、洗澡、化妝，十二分鐘內上車，十二分鐘內回到辦公室。這表示我一天睡三個小時，從工作到睡覺、睡覺到工作只花三十分鐘。只有財報季時才會每天工作二十小時（每三個月會有連續兩、三週的時間），這樣的生活我過了三年半。

我一天工作二十小時、一週工作一百小時還撐得下去嗎？最初的兩年我應付得很好，別忘了，每一季只有兩到三週的工時這麼長。但到了第三年，我的身體開始變得更累，我因為不注意健康而犯了更多錯誤。在基金被關閉前的最後一年，我住院三次，而且不只是我，其他分析師也有類似的經驗。

但我得強調，**我們不是被逼的。我們都熱愛這份工作**，且受到投資組合經理人鐸謝的啟發。現在回顧，我不覺得財報季時我的工時能少一點，因為我負責研究三間公司，所以在忙碌的夜晚，我必須聽二十場法說會，即使以一．五倍的速度聽，每場法說會也仍長達四十五分鐘，總計得聽完十三．五小時的法說會，我就得聽到隔天早上六點半。所以，我會快轉部分內容，這樣我才有時間可以睡覺。從晚上五點開始聽法說會，凌晨兩點半結束已經算是抄捷徑了。

真正的解決之道應該是僱用更多分析師，但這不是帕藍提爾資本的模式。我了解自己的極限，且我因為負責研究的公司和他們的供應商、競爭者及客戶，而能徹底了解這個產業，對此我永遠心懷感激。

重點是，**你不能以兼職的心態做這一行**。你要承受二與二十費用結構和績效的壓力，這和在私募股權和創投一樣。而且，**因為市場隨時都在交易，意見回應很**

快，你的速度就得更快。

至於薪酬，通常在你創立自己的小型避險基金前，你賺的錢不會很多。如果你加入一個多策略的避險基金，年薪多半不會低於五十萬美元。也許非常初級、資歷很淺的人年薪為四十萬，但是你通常也不會低於五十萬太多。

而有五至六年經驗的分析師，年薪都超過百萬。有個負責追蹤臉書、亞馬遜、網飛和谷歌（四者合稱尖牙股〔FANG〕），以及其他五、六個網路巨擘的分析師，年薪高達三百至四百萬美元。

最後，當避險基金經理人成功創立自己的避險基金時，一年可以賺到一億至兩億美元。這是一筆很可觀的數字。

重點是你必須擁有一檔基金。還記得我在前面說過嗎？這就和演員一樣。拍一部片賺一千四百萬美元看似很多，但你要真正擁有那部片的其中一部分，這樣一來，當電影變得超級賣座時，你就能賺到一億美元。

有些避險基金費用和獲利下滑，但還是有潛力。

假設你的避險基金管理三十億美元。有一年你賺了五〇％，你的三十億變成四十五億美元。那五〇％的獲利是十五億，避險基金要拿取十五億的二〇％，也就是三億美元。避險基金的員工通常不到五十人，而擁有基金的高階經理人可能會拿走三億美元的五〇%，他一年就領到一．五億美元。

還有比這更大的避險基金！

這是假設你已成為避險基金老闆。就算你是知名的投資組合經理人，你的年薪可能是八位數，但這有點像成為《財星》（*Fortune*）百大企業的執行長。能爬到這個位置的人不多，但財富很多。

一般而言，**避險基金不像創投和私募股權，避險基金通往財富的路徑沒那麼多**。在創投和私募股權的工作，有一部分是為企業提供建議及互動，等你升上合夥人，你就能進入很多間公司的董事會，有很多獲得高額財富的機會。因為當你有了一間公司董事會的經歷後，就能進入別間公司的董事會，他們會支付你股權、提高你的「勝率」，你在公司的股權，或在私募、創投的投資組合經理人事業能帶給你財富。私募和創投能給你進入董事會的機會，你會有機會進入熱門的企業。

至於避險基金經理人，不太有可能加入任何董事會，除了大都會藝術博物館（Metropolitan Museum of Art，暱稱 The Met）或一些慈善董事會，這些是用來「提升你的形象」。在避險基金工作會讓你的機會變少，但若是加入創投和私募，你會有很多賺大錢的機會，為什麼會這樣？

如果你在避險基金工作，企業不會喜歡你，因為你有一半的機率可能放空他們的股票。而且，他們會認為你只是聽消息做交易，因為表面看起來就是這樣，就算你會針對一間公司進行深入的研究和思考。更糟的是，他們可能會認為你的避險基金熱衷社會運動，想要給公司經營者難看。這些都不是會受邀加入董事會的特質。

當你在私募股權公司或創投，因為你的工作，加上你對公司投資很多，你可能會獲邀進入董事會，而當你一進入董事會，就是在累積董事的資歷。此外，當你是許多公司的董事時，人們可能會想：「這個人一定超級聰明。我喜歡她的思考方式，也許我該請她當財務長。」接著，你就成為一間獨角獸公司的財務長。雖然我這樣的敘述，看起來好像過於簡單，但這的確是會發生的。舉例來說，A16Z（美國私人風險投資公司安德里森．霍羅維茲〔Andreessen Horowitz〕）的本．霍羅維茲（Ben Horowitz）就是資料分析與人工智慧公司 Databricks 的董事，接著才成為他們的財務長。

在私募或創投界，你會有好機會。如果管理創投基金不適合你，你可能會有機會加入一間公司的董事，或成為公司的財務長，等待公司上市，你就可以大展長才。但若在避險基金工作，基金必須很賺錢才行，因為你獲邀進入董事會或管理一間公司的機會，比在私募或創投界要來得小得多。

如果避險基金對你來說很有吸引力，這就是你要考慮的因素。

你會和非常非常聰明的人一起工作

如果你覺得上述內容很有意思、很吸引你，非常好。但我們還是要確定你足夠了解自己的選擇。

你會和超級聰明且非常有動力的人一起工作。如果你曾和胸無大志的人一起工作過，我必須說，你在避險基金完全不會遇到這種人，你的同事一定會定期挑戰你。你也會更快向業界最聰明的人學習到有關投資的事。避險基金的思維，和私募股權或創投一樣，而且它還結合了快速的市場週期。

因此，你會和最聰明的經營團隊及客戶接觸。**加入對的避險基金，你就會被視為「菁英投資人」**。避險基金需要這個形象才能運作，如果你在頂尖基金工作，這就是你的形象。如果你覺得和聰明厲害的人一起工作是加分，避險基金可能就是你的目標。

毫無疑問，**這是個高壓的工作**。如果你喜歡放鬆，人生沒有太多的需求，避險基金恐怕和你想要的正好相反。**每週工時八十至九十個小時是這個產業的常態，而不是例外**。你的同事都是真正的高手，但他們的壓力也很大，常常大吼大叫。在這行，有時你會覺得你的投資就在眼前瞬間化為烏有。而有些時候，則是你的老闆崩潰抓狂。

你工作八十至九十小時，暫時不顧自己的健康，讓富豪和有錢的公司變得更有錢，也許你會覺得這種生活很空洞。如果你需要工作帶給你心理上的意義或人生的價值，那麼在你加入避險基金前要審慎思考。

另外還有一個缺點。這個產業的壓力和財務獎勵，有時候會令人做出違法的事，或至少是遊走在法律邊緣。你可能會覺得被迫做些違法的事，或陷入不道德行為之中。你可能沒被這個缺點嚇到，但也要記住這種事是可能會發生的。

接著，我們就來談談如何進入避險基金。

想賺大錢？我要成立自己的避險基金

通常，你可以透過投資銀行或管理顧問公司進入這一行。你也可以當只做多的基金分析師，接著設法成為多策略避險基金的初級職員，建立好的投資績效紀錄。

我知道，你並不想知道這些。你想了解的是：「別淨說些為別人工作的事了，我要賺大錢！我要如何自己成立避險基金？」這是個好問題，我們接著就來談談。

幾乎任何人都可以成立避險基金，你可以向親朋好友募資。但如果你想吸引機構投資人，就要請知名的律師幫你擬好內容穩健的法律文件。你可以上網搜尋「前二十大避險基金律師」，這些人都是機構投資人認識的律師，這樣他們才不會以法律問題為由，不投資你的基金。

把文件準備好，就可以開始管理基金了。問題在於，準備這些文件可能要花上五萬美元。此外，你還需要基金的行政管理人、主要的券商和基金保管銀行。避險基金有很多額外的成本，因為柏納．馬多夫（Bernie Madoff）的醜聞（按：為美國金融史上最大宗龐氏騙局〔Ponzi scheme〕，詐騙金額高達六百四十八億美元，受害者可能超過三萬七千人），現在必須提早支付。投資人想要確保你不會自己亂搞數字，所以，必須有外部公司來確認你提出的數字正確性；他們要確保你不會捲款潛逃，因此你需要外部公司來負責他們的資產——你可以負責交易，但基金由別人來保管。

如果你的規模很小，就會由像是跨國金融服務公司富達（Fidelity）這樣的企業來保管。你可以直接交易，以及決定要執行哪些交易，但你不能把錢提領出來、腳底抹油跑掉。保護的機制有很多，這意味著你可能得花上十萬美元處理這些事。如果你管理的資金只有數百萬美元，以避險基金二〇%的獲利來說根本不夠。

你可能想找一位避險基金的財務長，因為當你要管理別人的錢時，會有很多的文件程序。因此，你要想好僱用財務長管理資金的最低金額。我的前老闆葛倫・鐸謝成立避險基金時，管理避險基金的最低金額是一億至一億五千萬美元，但這個金額現在根本不夠，你要想的是募集兩億至五億美元。個人戶不太可能給你足夠的錢，讓你投資一億五千萬美元，所以你要向機構投資人募集資金。

通常像加州大學董事會這樣的機構，都會有資金提供給「明日之星經理人」的避險基金，但他們會告訴你，他們要看到三年的投資績效紀錄。可是，如果沒有人給你錢投資，你要怎麼累積三年的績效紀錄？

我成立過一檔由女性管理的避險基金，而加州大學董事會想要投資兩千至三千萬美元，因為他們必須投資於多元化的經理人。但是，他們不能投資低於兩千至三千萬，因為他們管理著兩千億美元的資金，投資金額過低對獲利根本不會有多大的幫助。

對我來說，能為加州大學董事會管理兩千萬美元真是太棒了！但他們有個條件：雖然他們想投資我的初始資金是兩千萬美元，但他們的風險文件卻規定，他們的投資不能占任何一檔避險基金超過二〇%，也就是說我必須管理至少一億美元的資金。

成立避險基金很多時候會遇到雞生蛋還是蛋生雞，到底誰先誰後的問題，所以我強烈**建議你進入多策略基金，累積績效紀錄，你就會認識客戶，之後可以離職、自己成立基金，而這些客戶會給你「種子」，也就是初始資金**。你可以一次找來好幾個客戶，所以沒有任何一個客戶會占你基金總額超過兩成或三成，這也是他們的要求。

這時，你就不會有雞生蛋還是蛋生雞的問題了，因為你的每一個客戶都會說：「我要投資兩千萬。」而你（理想上來說）可以向五個對象募到總額一億美元，你就可以讓他們看到你的績效紀錄。所以，當你在多策略基金工作一段時間，就不會是從零開始。每個客戶都占你基金的二〇%，總額一億美元的資金（你能管理的最低金額），你就可以開始進行了！而且，你還可以繼續募集資金。

避險基金的開始很矛盾，這就是為什麼新的經理人這麼少，而能生存下來的都是在多策略基金工作過的人。不過，有個例外，那就是加密貨幣避險基金。

這行有個很大的痛點。投資加密貨幣的機構投資人比較少，大多是散戶投資人，因此他們都在想：「我會虧損嗎？我不知道自己在做什麼。我想要投資加密貨幣，漲得很快，但我不知道該怎麼做。我也不知道加密貨幣錢包是什麼。」如果你剛好懂這些，你就可以為想要投資的富豪或機構提供財富管理，並開始收取二與二十的費用。

有些加密資產可能在兩天內重挫九〇%，但也可能在幾天內就漲兩倍或三倍。若擅長投資加密貨幣，有些加密貨幣避險基金一年內可以漲十倍。就算你管理的資產只有一千五百萬或兩千萬美元，但十倍報酬的二〇%也是很不錯的報酬。

而且，**加密貨幣避險基金沒有長期績效紀錄**，就連三年的績效也很少。所有人都是新手，也比較願意接受沒有那麼多機構文件證明。當你把文件準備好，也不需要花太多錢僱用律師。不過，你需要花更多錢保管，而這很複雜，因為加密貨幣的保管業者並不多。但一般而言，你的成本會少一點，你可以管理比較少的錢，但如果有一年的績效不錯，仍可以賺到不錯的費用。

如果有一年加密貨幣避險基金的績效不好，你的成本可能還是比較低，因為你的訂單管理系統和投資組合報告比較沒那麼複雜。你的制度相對比較簡單，因為沒有機構投資人投資那麼多錢，總成本比較低，能撐過加密貨幣的寒冬。而當加密貨幣績效好的時候呢？你的資產總值比一般避險基金低得多，所以可以表現得很好。

這是所有金融資產類別一再出現的情況。**當出現新的資產，而人們還不知道該怎麼看待時，你就能賺到不少錢**。因為市場效率較不佳，而你能為投資人解決更大的痛點。

我要介紹一個朋友來解釋這件事。他是史丹佛大學畢業生，他投資加密貨幣的方式和一般投資人不同。

在矽谷，有幾位才華洋溢的人聚在一起討論比特幣和以太坊，他們談到和一位剛從史丹佛念完密碼學的人聚會。這個人的興趣並非加密貨幣，而是從密碼學的角度確保網路安全，就像第二次世界大戰時的解碼員一樣。

他對於密碼是安全或可破解這件事很感興趣。接著，他在舊金山和這些科技業人士和創辦人見面，他們喝著咖啡，並問他：「我聽說有一種新的代幣叫做以太坊，你覺得如何？」

這位史丹佛畢業生試著駭入加密貨幣程式碼。嘗試之後，他會說：「以太坊太棒了，它的智慧型合約很穩健，我覺得很棒。」或者他也可能會說：「不，這個程式碼可以被駭入，不好。」

最後，其中一位矽谷人在早餐時對他說：「我知道你的個性很內向，你只喜歡程式碼。所以我打算這麼做：我來管理和決定我要多少比特幣，但剩下的幣我要讓你處理。我會成立一檔避險基金，並由你來管理。我的朋友和我會投資自己的錢，但你不需要行銷上市這些幣，也不需要和任何人討論。我們給你錢，而你只要負責管理這些錢，我們會付你二與二十的費用。」

這就是他大學一畢業就能成立並管理新避險基金的方法，但他一開始根本沒打算這麼做。這是個很好的例子，可以用來說明加密貨幣或任何新領域的痛點。「我們沒有相關的知識，所以我們需要懂這個領域的人幫我們處理。」

如果是股票，你只要買ＥＴＦ就能擁有整個市場，把工作外包給電腦處理，散戶和機構投資人就不必付那麼多錢請人選股。

我投資的另一檔避險基金是Scalar Capital，我之前的學員琳達是共同創辦人。她的合夥人是負責技術的共同創辦人，因為他負責處理這些加密貨幣的程式碼。著重於投資軟體股的避險基金，可能會找有軟體工程師背景的人，但一般避險基金不會有人深入研究程式碼。軟體公司的程式碼通常都是私人資產（也就是說，這不是公開紀錄的開放原始碼），而加密貨幣則是開放原始碼。

如果你的加密貨幣避險基金共同創辦人有技術背景，這會是個很大的優勢。回想一下我前面說的故事：這個人熱愛加密貨幣、大學畢業，管理著五億美元的加密貨幣；他本來根本沒打算成為避險基金經理人，但他喜歡密碼學；此外，他從來沒去過加密貨幣大會，只是聽幾個信任的人談論加密貨幣的好處，試著解開程式碼，並根據這點決定他要不要投資。

如果不喜歡這行，你還有別的方向

聽到這裡，你可能會開始想：「如果我不想做這個呢？」

我會說，先別急著馬上就否定避險基金，你可能只是比較喜歡不同的策略。也許你很想避免做風險很大的事，選擇固定收益套利策略對你來說可能比較好。

或者，也許你加入了避險基金，卻發現你比較喜歡業務工作。你可以在避險基金擔任業務專員，或是為賣方公司與避險基金合作（賣方公司就是賣服務給避險基金的投資銀行）。你可以利用在避險基金建立的這些人脈，再決定要不要過不一樣的生活，運用你對產業的知識，在這樣的公司中工作得更有效率。

在避險基金工作，會給你驚人的分析能力。你可以把這樣的能力運用在只做多的基金（通常是指買進並持有的共同基金）。當然，在這種基金工作，你不會拿到二與二十的費用，但還是能賺到不錯的收入（幾年後可領到年薪四十至六十萬美元，還有機會成為投資組合經理人，年薪破百萬美元）。或者，如果你比較喜歡短期投資，你也可以擔任交易員，也可以進入私募基金，但這要視你的能力與產業重疊的部分。

如果這些對你來說都沒有吸引力，你可以轉戰顧問業，擔任機構投資人、資產配置公司或家族辦公室的顧問。如果他們是避險基金很滿意的客戶，那就容易得多，你可以用你的客戶關係管理和人脈策略，建立良好關係。如果你不想往這個方向發展，也可以看看另一條路：避險基金的服務供應商（彭博〔Bloomberg〕、避險基金的會計師、避險基金的軟體供應商等）。

但是，你不會像在創投和私募股權一樣，有多個創造大額財富的機會。你不太可能進入任何公司的董事會，因為公司對你有疑慮，不知道你是否認為他們會倒閉。此外，他們也不認為你有經營的能力，因為你「只是」交易過股票而已。

說到這裡，如果你認為避險基金適合你，我們就來看看你要怎麼入場。

以下是進入避險基金的幾個途徑及結果。你的最終目標是成為避險基金合夥人或創辦人，這是這個產業中，最不費力就能獲得高額報酬的職位。以下按照你進入避險基金的可能性排列。

第一，你可以先在**投資銀行擔任初級職員三年**，接著你可以跳槽到避險基金擔任職員，並持續往上爬。晉升一段時間後，你要在避險基金公司裡管理獨立的基金，並利用基金優良的績效成為合夥人，或自己成立避險基金。

第二種方法，從**管理顧問公司開始**。工作三年後，試著跳槽到只做多的共同基金擔任分析師（甚至晉升至投資組合經理人）。接著利用你的客戶關係管理和人脈技巧，在會議上認識在避險基金工作的人，然後成為避險基金的分析師，晉升避險基金的投資組合經理人。最後，成為避險基金的合夥人或創辦人。

你也可以**直接在避險基金擔任初級分析師**。當你大學剛畢業、進入避險基金時，不要只做一些行政或支援的工作，要發揮一點創意。接著晉升為避險基金的初級職員，並繼續往上爬。你要管理自己的避險基金，並利用你的基金的績效成為避險基金的合夥人或創辦人。

如果你覺得這聽起來很刺激，很好！但如果不是，還有其他輕鬆不費力的職位。我的指導者葛倫．鐸謝曾告訴過我其中一種。鐸謝和我會一起去拜訪公司，有天我們去半導體公司博通（Broadcom），這間公司現在已經家喻戶曉，但在二〇〇〇年時還是間小公司。

當時博通的財務長比爾．魯爾（Bill Ruehle）走向鐸謝，並對他說：「葛倫，你的工作真不容易。我不知道你怎麼管理避險基金的大小事務。市場漲跌，波動性

避險基金的致富之路

1	投資銀行（3 年）→跳槽避險基金（向上晉升）→管理獨立基金→成為合夥人／成立避險基金
2	管理顧問公司（3 年）→跳槽只做多的共同基金→認識避險基金人脈→成為避險基金分析師（向上晉升）→成為合夥人／創辦人
3	大學畢業，直接進入避險基金（向上晉升）→管理獨立基金→成為合夥人／創辦人

真的很大。這很難，而你很成功，我很欽佩你。」

「你的工作才困難。我有問題就會賣出，但你得解決問題，」鐸謝看著他，說：「如果我持有的股票有問題，我賣掉就好了。但如果你公司的部分有問題，你得想辦法解決，不是賣掉就沒事了。」其實，並沒有那麼簡單，如果你一直這麼做，對你的績效會造成傷害，那你的避險基金也沒了。

所以，其他職位是什麼？如果創投讓你覺得你是想要窺探內部的外人，私募股權讓你覺得買下公司只是想降低成本，避險基金讓你覺得只是炒股票。而你真正喜歡的也許是解決問題，或者你覺得進入公司、做出一些成績會讓你很興奮，也是你想要建立財富的方式，加入新創公司就能有最大的控制權，可以改變公司的營運。

對我來說，這就是我喜歡當天使投資人、投資初期新創公司的原因。我不只是買進蘋果的股票，然後寫報告說明為什麼蘋果的股票會上漲，我當天使投資人可以改變未來。在我投資的新創公司，我可以針對公司的提案給予他們投資人意見回應，也許還能介紹他們認識重要人物，以利他們找到合夥對象。現在，我是一間新創公司的營運長，我對公司的成果有更多的影響力。

下一章我們就要討論這條路：成為公司創辦人或高階經理人。

| 第 8 章 |

掌握權力與自由——自己開公司

我的朋友珍妮・麥瑟斯（Jenny Mathers）是個醫學博士，不到五十歲就創辦及協助成立了兩間獨角獸公司。她的例子證明，我們可以透過任何獨特方法實現這個事業目標。珍妮年輕時就讀醫學院，成為臨床醫生和研究員。她一開始工作時是名醫生，現在仍是醫生，但她被生物科技所吸引。

雖然她的職業生涯一開始是醫生，但我在這裡要說的，是她通往企業高階經理人的路：**首先為頂尖公司擔任管理顧問，學習和建立人脈；接著在更大的企業，進一步拓展人脈；再進入前景看好的新創公司，擔任高階經理人。**

有時候，看別人走出來的路，遠比給你一個通則要來得有用。在成為執業內科醫生後，珍妮加入一間頂尖的管理顧問公司，擔任他們的醫療團隊顧問。她的事業著重於免疫系統的研究。而成為管理顧問後，珍妮花了六年的時間，在一間頂尖的生物科技公司擔任醫學主任。

因為珍妮曾在頂尖的生物科技公司工作過，一般人會以為她可以很輕易跳槽到生物科技新創界。但她並沒有把自己的路局限於新創生物科技，而是選擇更大的場域——她的下一份工作，是在全球最大製藥公司之一擔任副總。她為公司做了什麼事？她代表公司向美國食品藥物管理局（U.S. Food and Drug Administration，縮寫為FDA）介紹新藥。

這個角色讓她被很多人注意，而當她代表某間全世界最大且最受敬重的藥廠，使該藥廠的新藥通過美國FDA的核准後，便獲得很大的權力。她選擇在自己專長的領域中努力並獲得成功，下半輩子都專注於這個領域。她是眾多頂尖製藥公司向FDA申請新藥的人之中，最年輕的一位，這再次證明了你永遠不必等待時機。

在頂尖藥廠工作三年後，她加入一間小型私人生物科技公司的創辦團隊，擔任醫學長，選擇要研究哪些疾病，以及哪些藥物可能最有潛力。接著，她向FDA提出這些藥物的申請，而她在FDA已建立了信任與人脈。她的生物科技公司透過首次公開發行新股上市，成為獨角獸公司，上市後幾年就以數十億美元的價值出售。建立價值一億美元的事業就是這樣：慢慢累積，突然有一天就實現了。

她的團隊把這間小型生物科技公司上市時，我在尼可拉斯投資合夥事業工作。我對非常聰明的老闆凱薩琳．尼可拉斯說：「我對生物科技一無所知，但我朋友是我認識最聰明的人之一，所以妳應該見她一面。」對這些公司來說，創辦的經營團隊才是最重要的。

於是，她和珍妮見面。在珍妮的股票上市時，我的老闆為我們的基金、為她自己和她先生都買了股份，所有會買的基金都買了。股票上市後，股價在二十美元左右疲弱了九個月。但我的老闆從來沒有對珍妮和她的公司失去信心。

突然間，股價就開始一飛沖天。公司上市幾年後，以超過十倍的報酬率賣出。這筆交易讓我的朋友珍妮賺進五千萬美元。接下來她做了什麼？到海邊度假嗎？不是。她只休息了一下，又成立了另一間公司！

珍妮又成立了第三間生物科技公司，一年內就從概念階段進入新股上市（當萬事俱備，頂尖的團隊就能辦得到）。生物科技需要很多資金做藥物測試，所以他們通常會比科技公司早一點上市。她花了一年多的時間，成立了第三間獨角獸公司。

這些是在她不到四十五歲時辦到的。如果你知道她二十幾歲時，還在醫學院讀書和擔任住院醫師的話，就會覺得她的成就更了不起。珍妮比較晚才起步，卻遙遙領先許多人。

我不認為珍妮的情況是標準新創公司的例子。她除了是厲害的醫生，也很有天分、選擇進入對的公司。珍妮證明了她的可能性。

創辦兩間獨角獸公司後，她做了什麼？她現在是董事（第五個一億美元的事業道路，也是下一章的內容），引導年輕的企業創辦人。身為董事會的成員，她的事業就更輕鬆不費力（每一間公司都給她股票選擇權），她可以擴大影響力，一次就能影響多間成功的企業，並因此受惠。

新創公司，就像出生不到六個月的嬰兒

所有新創公司都不一樣，但每間新創的創辦人都該記住一點：你不需要等到年紀大了才開始。雖然本書談論了像是投資銀行或管理顧問公司這類事業，但還是有其他通往高額財富的途徑。你要尋找那些可以輕鬆以小搏大、借力使力的時刻，並全心投入你找到的機會。我告訴你一個致富入口，你就能夠找到五個不同的機會。

珍妮在兩間大型企業工作過、在美國FDA建立人脈，接著才創辦自己的公司。她知道，要輕鬆創造財富就要創辦生物科技公司，而不是在大型藥廠工作。但是，太小的生物科技公司對FDA沒有影響力，而藥物通過其核准是生物科技公司成功的關鍵。

珍妮等待過。但她等待，是因為這樣才能讓她未來的事業加速前進，並非因為她應該要按照前人走過的路，等待權力和金錢找上她。

她早期的事業是為全球最大、最受敬重的生技公司及全球最大的製藥公司，向FDA申請藥物核准。因此，她知道所有適合的律師、基礎建設和入門概念，以及FDA所知所有大公司的名稱。當她成立自己的公司時，她就可以利用自己建立的客戶關係管理系統，聯絡在FDA的人脈。

這就是為什麼你應該要建立客戶關係管理系統，以及先在大公司工作過幾年，這樣你才有顯著的優勢。你不是非得這麼做不可，但這有助於你建立人脈。只是單純在一間大企業裡工作並沒有用，只有當你渴望找到輕鬆賺大錢的時機，並建立你的客戶關係管理系統，大企業的工作才會對你有幫助，因為大公司能為你提供別的地方無法給你的人脈。

我在歐本海默基金工作時，整天都在接電話，券商和他們的分析師給我各種股票的消息。我的決定會影響六十億美元的科技股投資，代表投資銀行界大額的交易收益機會。他們整天都想幫我提出新穎的交易。後來我成立了避險基金，我當然還是可以聯絡這些人，但他們不再像我在歐本海默基金時那樣整天打電話給我了。

擔任創辦人必須積極外向。很多創辦人在僱用人手時會犯這個錯。他們覺得：「我們是數位媒體事業，我們該用大間媒體公司的人，因為他們了解這個產業。」

這種想法就是沒有安全感的新手創辦人。

在大公司工作的人，通常很習慣別人打電話找他們，就像我在歐本海默那樣。他們加入新創公司後，會等著永遠不會打進來的電話。他們在新創公司寫策略計畫，**但新創真正需要的是業務**。等待會扼殺新創公司。雖然一開始在大企業工作是件好事，但你不會想要在那裡待得太舒適，你會太習慣別人打電話來，逐漸忘了年輕、好勝的感覺（而我已經五十幾歲了，還是很好勝！）。當你進入新創公司時，你必須適應每天打電話找人這樣的工作。

雖然進入新創的辦法很多，但你必須有適合新創公司的性格才行。你必須有應付不確定性和壓力的能力、必須迅速回應、必須熱愛與擁抱你的工作、必須有企業家的精神。

所以，請誠實面對自己。如果你只是想賺錢，還有比加入新創更輕鬆的辦法，因為在新創的工時絕對很長，成為獨角獸的可能性很低。而你必須熱愛新創的生活方式，以及你們所追求的構想。

新創公司就像出生不到六個月的嬰兒。如果你不餵他、保護他、花時間陪他，這孩子就會死。扼殺一間新創公司很簡單，除了投資人之外，不會有人知道。因為你沒有客戶、合夥人。而當你的新創公司倒閉，不會有人懷念它。**有九成的新創公司最後會倒閉，其中一〇%在第一年就倒閉**，七〇%在第二年至第五年倒閉[20]。

雖然成功的辦法有很多，但失敗的方法更多。你喜歡生活像抱著一個嬰兒坐雲霄飛車嗎？經營獨角獸新創公司就像這樣，波動非常劇烈，且無法預測未來，你必須能適應這種事。這很可怕，尤其在創業第一年時。

也許你正在做一個沒有前途的工作，而你在想自己是否已經錯過輕鬆賺進財富的機會。其實，永遠都不嫌遲。我在五十五歲時才加入新創公司Satschel，但我一直都有固定運動，我讓自己的體能和三十幾歲的同事一樣好，甚至比他們更好。

此外，**機靈是適合在新創公司工作的性格之一**。進入新創工作的方法有很多，而你永遠不知道機會何時來臨。二〇一八年時，我在某個專案小組認識一個人，我想在他當時工作的公司工作，但時機不對，而且我沒有所需的技能。二〇二〇年，我成立自己的小公司，因此學會了許多行銷、文案、網站設計和營運的技能。到了二〇二二年，我開始為那個人工作，且非常熱愛我的工作。

想要走新創這一行，你要願意不按部就班行事。彼得．提爾花了十年的時間在法律與銀行業工作，之後才成立自己的公司。你不需要按照別人給你的計畫行事，珍妮沒有這麼做，而我也沒有。

如果你加入一間新創公司，你必須非常相信這間公司，相信到願意投資你名下的每一分錢。但我不是建議你把所有儲蓄投資在任何一間新創公司，尤其是你正投資你所有時間的新創公司。如果可以，你手上的現金餘額要高於平常，這樣一來，雖然你在新創工作的壓力很大，至少你不會有財務上的壓力。

我認識一個人曾在特斯拉擔任助理工作，現在已是百萬富翁了，我們都喜歡聽這樣的故事。但你不會聽說這樣的故事：某個程式設計師，曾在好幾間已倒閉的公司工作，領著低薪但配股很多，結果十年後什麼也不剩，只有一大堆的工作經驗，沒有私人生活，還領著低於市場平均的薪水。這就是為什麼你必須像分析任何其他投資一樣，分析公司的潛力，珍妮就是這麼做的。

比較一下這間新創公司和別的未上市公司。你會願意投入九〇％的投資組合在

20 〈一百零六項你必須了解的新創企業統計數據（二〇二三年）〉（*106 Must-Know Startup Statistics for 2023*），*Enbroker*(blog)，最後更新於二〇二三年八月十七日，https://www.embroker.com/blog/startup-statistics/。

這間公司嗎？如果答案是否定的，那就繼續尋找會讓你想要投入所有心力的公司。二〇二一年那一年，我做著各種不同的工作，但當我一得到Satschel的職位時，我馬上就打電話給所有朋友，並說：「我不再做任何訓練或其他的專案了，我只做這個工作。」

人只能活一輩子，時間過去了就再也回不來了。**你的新創公司必須是值得你冒險的**。接下來，我們就一起來看看這些風險吧。

擁有較高自由，直到有董事會監督

成立一間新創公司風險很大，但也很刺激。我們就來看看其中的優缺點，以了解這種高風險、高報酬的生活方式是否適合你。

第一件事當然是薪酬。我們來看看獨角獸成立之後的目標：成為上市公司的執行長。舉伊隆．馬斯克例子來說明。

這些年來，執行長的薪酬已經改變了。一九六〇年代是企業聯合的年代，公司規模決定了執行長的薪酬。但這麼做導致企業股票績效不彰，因為各企業的執行長只要買下別間公司，就能領到更多薪水。後來，薪酬開始與股票的績效一致，而不是單就公司規模，執行長薪酬來自股票獎勵的比例越來越高。但是，這個趨勢被伊隆・馬斯克改變了。

二〇一八年時，馬斯克及其董事會設定高額、積極的電動車業務與生產目標，很少人認為他能達成，但這其中有個倍數效應。如果他實現目標，他就能得到龐大的股票，且因為他實現了目標，所以每一股的價值又會更高。而後，他實現了目標，得到的股票目前價值六百億美元（這是分多年給付的薪酬方案）。一年六百億美元，相當於不到一到星期就賺進一億美元。

一年賺進數十億美元的確很罕見，但不是只有馬斯克如此。《紐約時報》記者安德魯・羅斯・索爾金（Andrew Ross Sorkin）等人指出：「二〇二一年十位最高薪執行長，每個人都領到逾一億美元。他們的平均薪酬是三・三億美元，這是史上最高的金額。」[21]廣告技術平臺The Trade Desk執行長領到八・三五億美元、體驗管理（Experience management）公司Qualtrics執行長領到五・四一億美元、線上旅遊公司智遊網（Expedia）執行長領到二・九六億美元、跨國美容公司Coty執行長蘇・納比（Sue Nabi）領到二・八四億美元。

除了錢之外，你想要成為制訂決策、領導公司的人嗎？你不想被某個中階經理人管東管西嗎？如果公司是你的，你就有控制權。成立一間公司，你就能自由帶領公司前往你認為最好的方向——至少直到創投的資金進駐，你必須對董事會負責為止。但比起在大公司工作，你仍有比較多的自由和控制權。

打造自己的獨角獸公司，你會得到非常棒的經驗。如果你能在履歷表中，寫上你曾把一間公司的營收，從五百萬提升到五千萬或五億美元，別人就會希望你加入他們的董事會，就像珍妮那樣。我們稍後會再談到這件事。

在新創業，你會做著你熱愛的事。就像我說的，**熱愛你的工作是加入新創必備的條件，因為這是需要投入大量時間和金錢的工作。**

建立獨角獸公司和避險基金一樣，你是在幫富豪（獨角獸的投資人）賺更多錢，但這可能不是你想要的工作成就感。打造很棒的東西對你來說還不夠，你認為工作應該要讓你每天醒來都會感到興奮。

你從無到有建立一間公司。當然你可以找到一些指引，但不像創投或避險基金那麼有結構。如果你建立的公司像 SpaceX 具有革命性，也許就沒有前例可以學習。若你需要清楚的發展方向，新創可能就沒那麼適合你。

同時，這也是個很辛苦的工作，壓力和變動性都很大，且完全無法預測前景。我必須一再提醒，這並不適合所有人。**新創公司很脆弱，你必須投入一切，比起在私募工作，新創又更像是和公司結婚了**。如果你不喜歡在艱困期努力撐下去，這就不適合你。

如果這些缺點看來不是太糟，而優點對你來說很有吸引力，以下是你的新創公司可以採取的幾個初期步驟。

21 安德魯・羅斯・索爾金、薇薇安・江（Vivian Giang）、史蒂芬・根德爾（Stephen Gendel）、勞倫・赫許（Lauren Hirsch）、埃佛拉特・利夫尼（Ephrat Livni）、珍妮・格羅斯（Jenny Gross）、安娜・沙佛林（Anna Schaverien），〈伊隆・馬斯克創下CEO發薪紀錄〉（*Elon Musk Fuels Record CEO paydays*），《紐約時報》，二〇二二年六月二十七日，https://www.nytimes.com/2022/06/27/business/dealbook/elon-musk-tesla-ceo-pay.html。

光有興趣還不夠，你得創造現金流

首先，你要決定你感興趣的產業，未來某天你可能想要成立新創公司的產業是什麼。例如，珍妮熱愛在生物科技公司研究某種類型的疾病，這是她事業的重心；而我對Web3和區塊鏈非常感興趣，更甚於企業軟體和半導體產業，這就是我之前專注的領域。

你最喜歡閱讀哪些資料？你最感興趣且能讓你感到興奮的東西是什麼？你會願意在哪個產業無償工作？這能讓你賺很多錢，並給你以小搏大的利基嗎？

我有個朋友超愛純素飲食，但成立一間純素飲食的公司，或是加入這種公司的董事會並沒有太大好處，因為這種公司本身缺乏以小搏大的利基。她熱愛冥想，但也有相同的問題：利基太小。

你必須問自己：「**我喜歡什麼有利基的東西，且在某個方面有創造現金流的能力？**是提供別人所需的醫療或理財服務嗎？還是能讓人們有更多時間或權力，例如軟體開發？」時間、金錢和權力，都可以透過軟體、自動化甚至是區塊鏈來達成。

重點是，尋找你喜歡且能賺很多錢的事，並進入那個產業。重要的是時間點，在你二十歲時就進入你選擇產業中的大企業，認識業界人士，包括客戶、供應商和競爭者。接著，你就可以在較小的公司開始工作。這不是法則，但能提高你的機會。

如果你感興趣的是網路，你的第一份工作可能就要進谷歌或臉書（而這可能比進頂尖投資銀行還要困難）。你不一定要進老公司工作，但一定要是規模比較大的企業，這樣的公司會有你需要的人脈。此外，你也不需要知道你想要的是「哪一種」新創公司，只要知道大概的領域就行了。

如果你完全不知道是什麼領域怎麼辦？你可以查詢由標普和明晟（MSCI）共同開發的全球產業分類標準[22]（Global Industry Classification Standard，縮寫為GICS）。

要把產業分類很困難，而標普GICS區分出每一個產業類別與子類別。舉例來說，你可以在科技與製藥業下找到許多不同的子類別，你甚至還會看到一大堆你

22 〈全球產業分類標準〉（*Global Industry Classification Standard*），S&P Global，二〇一八年，https://www.spglobal.com/marketintelligence/en/documents/112727-gics-mapbook_2018_v3_letter_digitalspreads.pdf。

原先不知道存在的產業，這就能給你一個搜尋的方向。

在慈善工作上，我也會利用標普GICS。我擔任義工的慈善組織之一「及時培育青年」（Just in Time for Foster Youth）找我加入，協助照顧十八歲至二十五歲的青年。八五％受助的青年會從事社會服務和警務工作，因為他們從小就認識從事這些工作的人，而「及時培育青年」問我能不能提供年輕人其他的選擇。

我帶領一個為期兩週的研討會，請他們查看標普GICS，並選出三個不同產業中的三個不同的工作（行銷、財務、業務）。接著，他們必須研究在這些公司工作一天的情況如何，以及他們需要什麼樣的能力和學位。這個練習能幫助他們認知，任何事都是有可能實現的，而且大部分事情的執行可能度，都比我們一開始想的還要高。做了研究後，他們會感覺更真實。

當這些青年在兩年後完成「及時培育青年」的整個方案後，他們開始從事電腦程式設計、牙齒保健和各種產業的工作。這證明了各行各業的任何人，不論從哪裡開始，都能做他們真正想要做的事。這當然也包括我。

我差點錯過的財富高速公路

這是我錯過的人生第一個通往財富的匝道。一九九九年時，我共同管理的尼可拉斯艾波蓋特全球科技基金在全球排名第一，創下四九五%的績效。這樣的績效讓我被人注意，而到了該年年底時，我加入避險基金帕藍提爾資本。我放空科技股，在二〇〇〇年科技股重挫八〇%、那斯達克下挫四〇%的同時，我們的投資組合卻大漲二〇%。我從一九九九年底到二〇〇三年三月帕藍提爾資本結束營業（因創辦人退休）時，都待在這個避險基金。

當時，科技股已經崩盤，大部分公司的股價都低於他們資產負債表上的現金。我當下就該轉戰矽谷，在帕藍提爾資本工作一段時間後，於三十七歲時加入網路公司。但我沒有，而這是個天大的錯誤。我錯過了第一個通往財富的高速公路匝道。

二〇一七年，我注意到區塊鏈（整整十五年後）時，已經五十一歲了。我應徵不同的工作，有一些雇主便說我「**年紀太大卻經驗不足**」。

最後，我共同創辦好幾間公司，以及擔任顧問。我以個體經營者的身分成立訓練和顧問公司，學習關鍵行銷、營運和業務技巧，這些都是我擔任專業投資人時從沒學過的能力。後來，我透過以前在好幾間公司擔任分析師認識的前財務長，得到在一間更大新創公司工作的機會，他指定我做某個工作，所以我就在Coin Cloud擔任平臺擴展的副總。

Coin Cloud是一間比較大型的新創公司，營收好幾億美元，而我的工作是建立合作夥伴關係。我有機會和Web3的許多企業領導者和創辦人互動，建立和他們的關係。就像珍妮和她在藥廠工作的故事，只不過我當時已經五十四歲了。

接著，我遇到一個大問題。雖然我們對現金和加密貨幣機客戶進行合規性檢查，但我們在DeFi（去中心化金融，這是一種支付高額利率的加密貨幣貸款平臺）和其他加密貨幣交易所，卻沒有檢查交易對象的身分。為什麼要檢查某個人是否利用你公司業務的某個部分洗錢，其他部分卻沒有檢查？我想像監管單位質疑我們法規遵循不一致，擔心會有不好的下場。

幸好我以天使投資人的身分投資一間叫做Journey.ai的公司。我發現他們可以幫我們大忙，因為他們將「了解顧客」（know-your-customer，縮寫為KYC）的程序自動化。我認為，如果我們開始使用這個軟體（主要使用於客服中心，因為這就是這間公司最早的目標客戶），Coin Cloud的合夥人就能知道使用Journey.ai軟體的客戶是誰，我們的法規遵循就能一致。

我去找 Coin Cloud 的管理團隊，並告訴他們：「你們可以投資 Journey.ai，並和他們合作。他們能幫助我們解決想合作對象沒有法令遵循系統的這個問題。」但他們並不感興趣。我無法放下這個問題，所以我離開那間公司，想解決這件事。

我在 Coin Cloud 工作時，曾和潛在的合作夥伴討論，我問他們是否會檢查客戶有無執行反洗錢以及 KYC，答案永遠都一樣。他們必須選擇要做哪些事，因為他們要做高速創新，不想要違反加密貨幣匿名和假名的精神。

我一再聽到相同的問題，而我始終認為一定有解決之道。

我持續和 Journey.ai 的執行長布雷特．夏克雷（Brett Shockley）聯絡，討論他可以用什麼方式解決這個問題。十二個月來，我每個月都會打好幾通電話給他。後來，他終於說：「艾美，妳還是會一直打電話來談這件事吧？」

我說：「沒錯，這是個瓶頸。」我解釋，提供監管當局法規遵循的透明度，可以解決雙方的摩擦。一百一十兆美元的註冊投資顧問，大部分的投資都在股票、債券和基金，在私人和數位市場由可以更自由移動，以投資於任何想要投資的地方。

布雷特的公司 Journey.ai 很有前景，其公司的使命是幫助企業恢復客戶關係。

你曾有必須打電話給信用卡公司的經驗嗎？你會不會害怕打這種電話？必須回答一大堆隨機選擇的問題，例如：以前居住的地址、寵物的名字，還有其他我們不記得的事。Journey.ai 的重心就是幫助客服中心和銀行確認客戶身分，這樣客戶與公司首次互動時，就不會因為不記得這些蠢問題的答案而感到沮喪。

而我覺得這個身分解決方案，也可以運用於其他市場，但他們非常集中於提供服務給這些花了很多年才爭取到的超大企業客戶，所以他們拒絕類似的重大機會，盡可能讓公司的業務起飛。布雷特一直以來都是企業家，他賣出過很多公司，因此他非常了解，「專注」對於新創公司的成功來說非常重要。

脫離核心業務很有可能扼殺一間新創公司。他是很棒的執行長，且專注於他的核心市場。但他也知道如果不是這個機會很棒，我不會一直打電話給他。於是，他安排一通電話會議，邀請我和整間公司的高階經理人做最後的決定。

我描述了法規遵循的問題，以及我認為的解決方案。其中一位董事會顧問表示他想要分享螢幕畫面，我同意了，並驚訝的發現他分享的架構，正是我剛才形容的內容！他甚至讓顧客不需要法規遵循部門，像這樣，在支付平臺 Stripe 分享他們的應用程式介面（API，電腦連線的程式碼）後，任何人都不需要轉帳的執照，就可以成為一家支付公司。只要在他們的網站上加入「付款」按鈕，並連接至他們的 Stripe 帳戶即可。他在架構圖上展示的，正是我的設想：法規遵循版的 Stripe。

十天後，我就受僱於 Satschel，擔任營運長，比賽開始了。當時我五十五歲，這是我決定要投入 Web3 後五年，我成為一間有意思的新創公司營運長，而他們使用的是 Web3 的架構。

從我的故事可以學到什麼？我在一間大公司工作時遇到一個痛點，以及我建立了很多人脈。雖然人人都有一樣的問題，我卻無法說服他們採用我的解決方案。我專注於解決問題，並找到一個很棒的技術面共同創辦人。他和他的共同創辦人，研究這個解決方案已經有八個月了，而當我加入他們公司時，我們的看法已經一致。所以，我們只需要募集資金，整個專案就開始執行了。

不是年輕人才能做我做的這些事。科技業的女性人數很少，而擔任企業高階經理人的女性更少，或是你沒有你理想工作所需的技能，但都別讓這些事阻礙你。如果有需要，你可以在創作者經濟的領域，把這個當成兼職或脫離先前事業的方法。

別把自己想得很差，請想像你想要做的事，以及你想成為什麼樣的人。我直截了當的對 Satschel 的共同創辦人說：「我要當你有力的第二把交椅。」

後來他問我：「妳覺得妳想要做什麼樣的工作？」我說我什麼都想做：金融、募款、人力資源和營運。我想做營運長，並向他提出要求——因為若不開口，你就永遠不會得到。最糟的情況，也不過是對方要求你鑽研你沒那麼有興趣的某個領域。但如果不開口，就永遠不會得到你的首選職位。

新創公司剛開始時，預算往往很少，負擔不起每個部門都有一個負責人。所以，雖然一個人做所有領域的工作聽起來很瘋狂，但這就是為什麼在新創初期階段很有價值的人是通才，而非專才。在你決定什麼階段進入新創公司時，請務必思考這件事，以及你想要建立的是哪些技能。

不過，得到工作是一回事，保住工作又是另一回事了。在得到營運長的工作後，我馬上就買了《如何當個營運長：十六個成功的紀律》（*How to Be a Chief Operating Officer: 16 Disciplines for Success*，中文書名暫譯）這本書。無論你的職位是什麼，一定都會有一本指南。此外，我也上網搜尋「如何組織軟體公司」，找到很棒的文章並從中學習。一位名叫奧格斯特．布萊德利（August Bradley）的資深營運長，已在此職位長達二十年，教導一種他稱為「領域、管道和知識庫」（Pillars, Pipelines, and Vaults）的組織方法，我上了這門課，並將所學應用於我們公司。

擔任教練並販售課程的經歷，對我的幫助很大。我學到為我的教練事業發展業務、行銷和金融的技能。我和其他能幫我編輯影片、提供建議，以及寄發陌生電子郵件行銷的個體經營者及服務供應商見面。在此，我打造了一個人脈網。此外，我也學著做成本模型、談判和簽訂合約，以及找到好的合作夥伴。更不用說還有精通公開演說、影片剪接和社群媒體的能力。

創作者經濟領域的個體經營者，比人們想的還要困難得多，而這是進入一間企業的理想訓練場。雖然我學習這些技能的產業本身，並沒有以小搏大的利基，但這些技能本身有這樣的利基。

上課有幫助，但真正的學習是實作。這就是為什麼我會說一開始要先在大企業工作。但如果你無法進入一間公司，就和我一樣，試著自己創辦一間。

讀到這裡，你可能會想：「妳說的都沒錯，但如果我不喜歡這一行怎麼辦？」我們談過的大部分工作，終極目標都是成為高階經理人、董事會成員或創辦人。如果前面所講的工作內容你都不喜歡，那麼你可能想要的是成為董事。

你不想當共同創辦人或高階經理人，可能是因為你不想只待在一間公司，你想要很多間公司。而如果你的新創公司很成功，你就可以加入多間企業的董事會，像珍妮一樣，為每一間公司提供諮詢，以及引導公司的方向。

或者，你可以在成功創立新創公司後，利用這個資歷進入創投或私募股權公司，甚至是避險基金，這些事業會讓你接觸到更多事業。如果只為一間公司工作感覺起來太過受限，你也許可以脫離新創圈。

如果你不討厭成為創辦人和高階經理人的話，我們就來談一些展開這份事業更輕鬆、利基更好的方法。

最厲害的執行長都曾是業務

大部分的路徑是在金融業。但是，金融業的工作並非必要的資歷。回想一下我的朋友珍妮，她一開始是醫生。也就是說，隨時隨地都可能有機會。

其中一條路是**先在投資銀行擔任初級職員三年。接著，你可以跳槽到避險基金、私募股權或創投**，在公司內部升遷，並以合夥人或創辦人的身分管理你的基金。因為你一開始是在投資銀行工作，在這過程中的任何時候，你都有可能因為併購案的專業能力，而成為你在投資銀行工作時認識熱門獨角獸公司的財務長，或管理一檔基金。

你也可以**進入管理顧問公司工作三年**，然後**跳槽到你目標產業的大企業**，就像珍妮在執業三年後一樣。或者，你可以跳槽到**基金公司擔任共同基金分析師**，甚至可能晉升成為投資組合經理人。**下一步就是成為避險基金分析師**，接著是避險基金投資組合經理人。之後，你可以設法成為避險基金的合夥人或創辦人。利用你的併購案專長，在你管理基金時認識的獨角獸公司得到工作，最後成為他們的財務長。

或者，在你事業的早期就進入新創公司成為初級職員，並在公司內晉升。

公司創辦人／高階經理人的致富之路

1	投資銀行（3 年）→跳槽避險基金、私募股權或創投（向上晉升）→成為獨角獸的財務長／管理基金
2	管理顧問公司（3 年）→跳槽目標產業中的大企業→成為合夥人／創辦人
	管理顧問公司（3 年）→跳槽基金公司→避險基金分析師（向上晉升）→避險基金投資組合經理人→成為獨角獸的財務長
3	避險基金、私募股權或創投（向上晉升）→管理基金→成為獨角獸的併購財務長→成為公司創辦人

第三條路是**一開始就進入避險基金、私募股權或是創投，擔任初級分析師，**成為一般職員並晉升。你要管理一檔基金，並利用這個職務成為基金的合夥人或創辦人。和其他方法一樣，透過你工作認識的獨角獸公司，受僱成為他們的併購財務長。最後，你可以成為許多間公司的創辦人，就像珍妮・麥瑟斯或是布雷特・夏克雷一樣。你需要有些必須的科技能力才能辦得到，且你在一開始要認識其他有才能、有願景的人，你們會一起找到獨角獸。但第一次創業通常不會像這樣。

新創公司能給你雙重利基，因為他們允許你成為其他公司的董事。不過，進入董事會有點難，你不會一開始就能成為《財星》五十大企業的董事。他們要的是《財星》十大企業的執行長，因為他們想從五十大變成十大。

你可能一開始會成為小型（資本額小）或未上市公司的董事，並尋找想要成長為中型企業的公司。這些企業想要的是有幫助公司成長經歷的人來擔任董事，若你是某間公司的執行長，或你曾讓業績從一千萬增至五千萬、五億美元，這些都能讓你的履歷加分。

如果創辦人兼高階經理人的路適合你，而你希望未來有一天管理一間未上市公司，就要有業務方面的經驗，因為業務工作就是透過銷售來提升公司的營收，這在未來能幫助你成為董事。**標準的執行長都曾是業務員。為什麼？他們必須讓投資人、合夥人和顧客對他們的願景買單**。他們必須記住這些交易對公司的獲利（或虧損）有什麼影響，因為沒有業績，公司就不會存在。

如果你大學剛畢業，你可以在所謂的「內部業務」工作。打電話給陌生人是學習業務工作重點的好方法，你可以嘗試不同的打電話策略，看看哪一個有用。在內部業務工作會有很多機會，你可以快速學到業務技巧。之後，到新創工作擔任業務，你的機會將會加倍，因為你會累積財富（透過擁有新創的股票），同時累積業務經歷，未來你可以利用這個經歷進入董事會。

人脈效應能加速你的董事工作和高階經理人工作。如果你經營的新創公司很成功，最熱門的公司就會想要請你加入董事會，這將提升你的財富和地位。你會和其他能力很好的人一起在董事會裡，而他們可能會介紹你下一個高階經理人的職務，或找你一起成立一間熱門的公司，你下一個成功的新創公司就會帶來更熱門的董事會職務。

最後，我們要詳細談談如何成為董事。

| 第 9 章 |

多重財富金流——當企業董事

二〇〇〇年代初期時，我有個客戶名叫榭爾比（Shelby），她已屆中年，想要趁年老前實現人生必做清單上的冒險活動——大部分是需要體能的活動，例如：跑馬拉松、鐵人三項和健身——但她也要管理自己的錢。這是她的長期計畫。她之前在投資銀行的職業生涯，已讓她賺夠一輩子的錢，所以她再也不需要工作了。提早退休的榭爾比一天要管理投資幾個小時，其他時間用來探索興趣。

榭爾比完成了人生必做願望清單中的幾項後，休息了一陣子，她覺得很無聊，不能一直做一樣的事直到生命結束。有一天，我們見面散步，她告訴我一件她從沒預期到的殘酷事實。

她說：「我一直在突破自己的體能，但我想念和自己鬥智的生活。」

榭爾比解釋道，她想要有更多智力上的刺激，因為她還是有很多能力可以貢獻。她已不再需要為了錢工作，但她很享受和聰明的人一起工作帶來的挑戰及智性的啟迪。

在我們談話後不久，她就接到她以前擔任分析師的某間投資銀行執行長來電。那位執行長問她在做什麼工作，有沒有考慮過董事會——這件事最棒的原因在於，財務分析師通常很少獲得董事職位。榭爾比對合併案的知識很淵博，且在那間公司工作時就展現了她對合併案的深度了解，所以那位執行長才會打電話給她。

樹爾比在投資銀行的工作，曾讓她為好幾個重要的專案提供諮詢。她知道該怎麼做才能成功，並且賺很多錢，而這些專案都涉及好幾十億美元。公司執行長知道她的經歷，他看過她工作，想要她為董事會貢獻才能和建議。

他問：「樹爾比，妳想過加入董事會嗎？」

她說：「沒有。」

「妳可以考慮一下。」

樹爾比認真考慮。她覺得從不同的觀點來認識一間公司很有趣，而且她想知道自己的建議會不會對公司有幫助。後來，她加入了董事會，持續了幾個月時間，因為一間更大的競爭者買下這間公司，而樹爾比在併購的談判中做出很大的貢獻。

雖然比較大的那間公司沒有請樹爾比擔任董事，但另一間較小型的地區性科技公司邀請她加入董事會。她建議這間公司從原本要和亞洲製造商競爭的硬體解決方案，轉為從事軟體服務，而董事會其他成員和公司都同意。這個策略奏效了，她的股票選擇權漲了二十五倍。而且，她不是只擔任這間公司的董事，接下來好幾年，樹爾比打造了最輕鬆賺進高額財富的事業——同時在多間公司擔任董事。

最輕鬆、最不費力的賺錢方式

身為董事會成員，你可以從別人的辛勤工作中賺到很多錢（這是你所能找到最輕鬆、最不費力的賺錢方式），而且你還可以加入多個董事會。你要投入多少時間不只視公司而定，也要看公司的業務類型。如果他們正在談併購案或陷入某種危機，你就會花比較多時間；但如果公司規模比較小或比較穩定，你要花的時間就比較少。此外，在你才剛加入公司時，也會花比較多時間在公司事務上。

你會花的時間，大約是每個董事會、每週至少五至十小時，或每個月至少二十至四十小時。雖然聽起來不是很多，但你最後有可能會加入多間公司的董事會，這些時間加起來也不算少。如果公司發生危機，或有其他重大的外部事件時，你工作的時間很容易就會增加一、兩倍。

每個董事會都會請你加入一、兩個委員會。如果你不喜歡委員會或開會，這個工作就不適合你。在一般情況下，**一間《財星》五百大企業的董事會，每個委員會每年應該會開會十二至十四次**。若有特殊情況時，你要做好有更多會議的心理準備。順帶一提，這個數字還不包括你因其他職責而必須出席的會議。

在委員會裡，你要決定公司需要做哪些事以持續發展。舉例來說，假設你加入薪酬委員會，要決定執行長是否該加薪，這時，你們就要研究和你們公司相當的其他企業及其執行長，這個研究非常辛苦，你得讀很多的資料。接著，在董事會開會前一、兩天，你會收到管理團隊給你的資料，你要閱讀所有的財務、行銷、營收、人資、法律和任何與公司有關的資料。你會知道這些不同的部門情況如何，以及管理團隊可能會提出的問題。

除了這些正式的管道之外，你也要透過非正式的方式蒐集資訊。你要與客戶、高階經理人、通路合作夥伴以及其他相關人等建立關係，並利用這些關係獲得重要的情報。你可能會從私人管道發現，獵人頭公司找上了某間大型企業的高階經理人，或將要訂立新的法規，但還沒有宣布，你和公司就有時間適應新策略。

但是，這並非要你找內線消息，而是要當個消息靈通的人，你要了解產業的脈動，這樣你對服務的公司才會有用。消息靈通代表著，你可能會猜到監管當局傾向於某個監管面向，你能拼湊出事情的部分面貌，比別人更早看到即將發生的事情。

身為受信任的顧問，你也會得到內線消息，所以你會知道你能說什麼，以及何時可以交易股票。你得和相關人士合作，以獲得你所需的資訊。而這也表示你必須知道如何找到缺乏的知識、該提出哪些問題，以及向誰尋求你需要的答案。你可能會安排在董事會議前的事前會議，這樣你就能事先獲得資訊，並有足夠時間思考。

有了這些資訊，你就知道在董事會投票時該怎麼做。你會透過一個安全的中間人獲得文件，而不是電子郵件。在你讀過所有文件後，就要出席會議，公司的經營團隊也會出席，你要提出你的問題、提供你的建議，並針對重大決策表決。

若要成為一個成功的董事會成員，你就需要有從多個消息來源組成資訊，以看出公司的完整、高層級觀點的能力。你不能局限自己只注意看和你的委員會有關的資訊。舉例來說，你加入的是人資委員會，但你聽說可能會有新的法規，你就必須和所有相關人等討論，了解未來的方向，以及對人力資源的間接影響。

如果你同時有很多董事職務，可能會是個挑戰。保持消息靈通本來就是個充滿挑戰的工作，當你加入的董事會越多，你必須處理和應付的資訊也就越多。若你加入兩間相互競爭的公司董事會，事情可能會變得很複雜，所以大部分的公司都有權同意（或否決）你加入新的董事會，以防止這種事情發生。

不過，你不必一次參與多個董事會。如果你剛開始這樣的工作，可以先加入一間公司的董事會，等到你了解了公司和產業，並確定這份工作適合你之後，再加入其他公司的董事會。

如果你真的加入多間公司的董事會，就盡量待在類似的產業中，但也不要太類似，反而進入了競爭企業的董事會。夠相似，你對產業的知識才能互相結合。舉例來說，SaaS下有許多子產業類別，但營收認列的規則很類似；如果是化學廠或銀行業，營收認列的規則就不一樣。如果你一定要進入別的產業，就要先熟悉你選擇的特定產業，接著再考慮擴大你的投資組合。

雖然每個董事會都有自己的行事風格，但董事會的成立都有一個標準模式。由董事長籌辦一切並確保工作持續進行。在規模較小或由董事會嚴密控制的公司，執行長可能身兼董事長，但大部分的情況下，董事長是由別人來擔任。

在董事會，可能有人有著不同於常人的思維，總是提出令人意想不到的問題，這些問題能為公司帶來新的機會；而有人擅長取得所有人的同意；也有人扮演魔鬼代言人，找到公司計畫中的缺點。在一個高效的董事會中，會有這些不同性格的人，你得經常和他們往來，包括一起吃晚餐，這樣大家才會認識彼此。

你可能會扮演其中一個關鍵的角色，這或許是你受邀進入董事會的原因。你在董事會裡，要試著找出任何沒有人在做的工作，並做最適合你的工作。

當所有人都對董事會感到放心時，諸如併購案這種重要的工作才會更順利進行。在這種情況下，你就要和銀行的人在週末加班。你們會一直通電話，為公司爭取最好的價格。此外，還會有更多會議和額外的任務，這些都會占用你和董事會的時間及資源。如果你和其他董事相處不融洽，就會使得工作變得困難十倍。

此外，衝突管理的能力非常重要。**身為董事會成員，你的責任就是要提出令人感到不舒服的問題**。你和高階經理人及其他董事之間，難免會有磨擦，而你需要和不同性格的人合作，減少意見不一致的事，這樣你才能找到對公司最好的結果。

另一個你必須和董事會相處融洽的理由，則是你的受託責任，以及這個責任伴隨而來的所有法律風險。如果你的董事會沒有董事或經理人保險，就不要加入這間公司，因為一個不好的決定，可能讓你整個職業生涯賺來的錢全都泡湯（按：此處指的是董事責任險或受託人責任險，可代為賠償公司錯誤政策等受託人責任所造成的損失）。你辛苦了這麼久，別這樣就失去一切。

因為你的受託責任，你領到的薪酬最多，如果你加入多間公司的董事會，有時薪酬甚至會超過執行長。每個人都要靠董事會維持公司的營運、讓股東高興。如果執行長把公司搞垮了，董事會的責任就是防止更大的損害，這時董事會可以開除執行長。有些公司的執行長也是董事長，首席董事的工作就是要制衡董事長。

雖然如此，但董事會理想的角色並非對抗者，而是提供建議者。**董事會的工作不是對抗公司的經營團隊，而是要花時間在策略之上，因為初期、快速成長的公司的經營團隊可能沒有時間研究策略，而董事會要確保公司做的事情符合股東的利益。**這需要一定程度的獨立性和客觀性。

因為職責繁重，董事會成員的薪酬都很好。有多好？要視產業而定。**董事會主要的薪酬來自股票選擇權，所以公司的股價表現越好，你的薪酬就越高。**公司獲利越好，就會支付越多錢給最好的董事會成員。高成長性的科技公司董事會成員，年收入通常達數百萬美元，低成長性的小型企業董事會則沒有那麼多。

董事會成員會拿到簽約金和每年的聘用定金，還有一筆董事會議費。美國企業的董事會成員聘用定金是三萬至六萬美元，還有一筆會議費用兩千至五千美元。聘用定金越低，會議費用就越高，反之亦然。而如果你升到董事長的位子，你就可以再領到五千至兩萬美元的聘用定金，每次開會還有額外的一千至三千美元。

有些公司可能會支付額外費用給參與委員會的董事，遠高於董事會的基本薪酬。一個委員會成員可能會收到一萬美元的年費，還有開會費用四千美元。而委員會主席的費用自然更較高。

你可能會問：才幾千塊？這本書不是在介紹年收入上億美元的事業嗎？

接下來，我就要談股權薪酬的部分了。

未上市和上市公司提供的長期獎勵，需要好幾年的時間才可以領取，例如：股票、選擇權、現金，或是三者的組合。通常這些獎勵會有領取期間，也就是說你必須在一段固定的時間之後，才能領取獎勵。這種長期獎勵的價值，一般而言可能介於五千至三萬美元，但科技公司的重要董事可能可以領取超過百萬美元的簽約紅利，以加入未上市公司的董事會。如果公司後來上市了、股票漲了四倍，簽約紅利就會價值一千萬美元，或甚至更多。

剛開始加入一間小公司的董事會時，你能領到的年薪約是三萬至四萬五千美元，大公司則約為十萬至二十五萬美元。和我們目前為止討論過的其他事業相比，這些數字看起來很小，但這是董事的平均所得。如果你擔任某公司的董事，後來這間公司成為下一個獨角獸上市公司或業界的龍頭，實際薪酬很容易就會是這些數字的上百倍，或是更高。公司變得越有錢，能支付給你的就越多，他們知道吸引和留住頂級人才的重要性。

這些都是假設你是全職的董事會成員。有些公司可能會從自己的高階經理人中選擇董事會成員，有些公司則會聘請其他公司的人進入自己的董事會。如果是這種情況，你就會有兩份職務，除了必須完成每天的工作職責，還要找時間履行你對董事會的較高階職責。

沒有人是萬能的。如果你身兼二職（或更多），你絕對需要學著指派工作給部屬。找到有能力的初級員工，並將對方晉升至他們最適合的職務，你就可以專注於層級較高、價值較高的工作上。

不只如此，你可能也會發現自己的職責之間有衝突。身為公司的高階經理人，你的職責是對這間公司；而身為董事會成員，你的職責是對股東。有時，當公司和股東的利益發生衝突時，兩者該如何平衡是個很微妙的工作。

關鍵在於維持策略性的長期觀點，大約五年、十年，甚至二十年。你要追求的不是短期的利益，應該引導公司做出可持續長期利益的決定。但是，你必須利用非常吸引人的短期收購方案，以平衡長期的利益，並追求股東的最佳利益。

想擔任董事，最重要的是名聲

如果有公司要找你進入董事會，你就能得到很多財務上的優勢。公司提供超過一百萬美元的簽約紅利，邀請有相關經驗的董事加入資本雄厚的公司，這種事並不罕見。**加入多個董事會，就可以認識許多不同且有趣的創辦人和企業，而不是被綁在一個工作中**。如果是未上市公司的董事，你會花更多時間在策略（因為需要遵循的法規更少），並在公司成立初期引導公司。

只要花時間建立好名聲，其他公司就會找上你、給你好幾百萬，並讓你挑選自己想要的工作。

除此之外，這可以讓你分散財富的來源。你不知道哪些公司會成功，哪些會倒閉。畢竟，如果你知道，你就只會加入那些會成功的公司了。**加入董事會的一個小問題在於，加入之後就算你知道這間公司不會成功，也不能退出**。為什麼？因為**你的職務太高調，你離職對市場來說是一個很大的負面訊號**。

因此，如果大家都知道當股價下跌，你就會離開董事會，以後別的公司想邀請你加入董事會前就會三思。所以，你必須研究清楚一間公司，再加入它的董事會。

你不能遇到狀況直接轉身離開，如果你退出太多間公司的董事會，就再也不會有人邀請你加入了。

你要打造響亮的好名聲。假設有一間新公司的產品符合市場需求，正要大幅成長，邀請你加入董事會，你的股票選擇權可能會漲好幾倍，且你在領取高額收入，同時指導這間公司的成長過程中，會得到很多的樂趣。如果公司再過一、兩年就會上市，那就更好了。

對方可能會問你對於一些重要提案的看法。你甚至可以表決支持社區投資，或新的多元與融合提案。但要記住，這個工作是有底線的：除非公司陷入嚴重危機，否則公司經營是經營團隊的工作，董事會不負責經營公司，但董事會要僱用和開除經營者、制定策略，以及制訂主要的獎酬決策。董事會有權力僱用、開除執行長，以及決定執行長的薪酬。還有誰能做這些事？畢竟在公司，執行長可是老大！

如果你在自己的全職工作外，還成為董事會成員，你可能會獲得意外的好處。你將學會看大局、拓展人脈、了解不同公司如何運作及其原因。你可以把這些知識帶回你任職的公司，可以大幅提升你的成長

最後，擔任董事還有好幾個非財務上的好處。你會累積很多飛行常客的哩程，

到景色優美的地方開會，以及享用美食。最重要的是，你會和效率超高的人建立起穩健人脈，這樣你就能發展或強化你身為董事的各種能力。

如果你具備很少人擁有的能力組合，董事的工作就很適合你。例如，你是天生的人脈王，在事關重大的場合中表現極佳，具有分析思考的能力，可以處理大量的資訊；是商務策略家，可以看到長遠的大局；也是思想領袖，隨時在發展自己的品牌。如果你是這樣的人，你絕對要考慮董事這個輕鬆不費力的事業。

但如果這份工作現在不適合你，也別急著放棄，未來你可能會發展出這些特質和能力，保持開放的心胸即可。但如果你討厭開會、討厭整天待在室內，在你考慮擔任董事前，就要衡量一下優缺點，這對你來說是否值得？

這不是你自己能應徵的工作

首次受邀進入董事會並不容易。這不同於一般工作，你不可能走進某間公司然後就說：「我要進入你們的董事會。」**不論是董事會或是顧問委員會都一樣，這不是你自己能應徵的工作，而是公司自己來找你的工作。**

我必須說，很多人都不了解這一點。我在新創業擔任顧問和高階經理人的最後五年，經常有人來問我能不能加入我們的顧問委員會，並喋喋不休說著他們的知識有多淵博，希望能說服我讓他們加入。但事情並不是這樣。

公司會根據他們的員工數、有多少股權，以及公司當時的需要，決定董事會的規模以及組成。舉例來說，一間小公司可能只有五位董事，他們的策略可能聚焦於爭取蘋果公司的生意。不論你有多聰明，如果你不曾在蘋果工作，他們當時就不太可能考慮讓你加入。未來，他們的目標可能會改變，董事會的規模就可能會擴大。

如果公司覺得會被收購或想要出售，就會找有併購經驗的人；如果他們需要行銷方面的能力，就會從他們覺得行銷做得好的公司找行銷長加入。每間公司就像一個人，有不同的願景、抱負、想成為的目標，理想上來說，如果公司沒有那麼多錢可以全職僱用某些人，帶領公司走向下一個階段，他們就會請這個人加入董事會。

同時要記住的是，你要出席很多會議。以前這些會議都要親自出席，但自從新冠肺炎疫情爆發以來，遠距會議已經變得更普遍了。雖然現在有部分恢復為實體會議，但多半是實體與線上會議並行。**如果你不喜歡開會，這個工作就不適合你。**事必躬親的人也會覺得這個工作很辛苦。雖然你會得到公司內部的所有資訊，

但你必須克服什麼事都要管的衝動，因為這不是你該做的事。你該做的是為股東爭取利益、給高階經理人建議，以及提供策略性的建議，引導公司朝向長期成功邁進。董事本身並非經營者，你必須接受這一點，並看到大局。

而當公司發生危機時，你會處在龐大的壓力之下，地位可能有危險。

舉例來說，二〇一三年十一月，美國大型超市目標百貨（Target Corporation）發生災難性的資料外洩——四千一百萬名顧客的資料外流，目標百貨要支付一千八百五十萬美元的補償金，這件事讓公司虧損兩億美元。

顧問公司機構投資人服務（Institutional Shareholder Services）建議目標百貨的股東，把公司十位董事中的七位開除，因為公司的稽核和責任委員會應該要有更完善的準備，以避免資料失竊。

沒有人能防止網路攻擊，但有些公司的董事會準備比較完善，他們會向經營團隊提出令他們不舒服的問題，且不接受敷衍了事的回應。有些經營團隊比較願意和董事會合作，在風險還沒造成威脅時就一起正視問題。如果你加入的公司股價低得很吸引人，你要問問自己為什麼他們的股價這麼低，因為股東隨時都可能為捍衛權益而行使股東權利。發生這種事可能會很有趣，但絕對比一般董事的工作需要花更多時間，且壓力更大。

你加入的公司股價上漲，你才賺得到很多錢。若是快倒閉或發展停滯的公司，不會給你帶來什麼好處。

最後，加入小型未上市公司的董事會時，如果他們沒有現金可以支付你的薪酬，你只會拿到股權，這時候就要小心了。如果公司給你股票選擇權，邀請你加入董事會，這是薪酬，但選擇權是不流動的資產。你的薪酬有一部分要繳稅，但公司不會給你現金讓你繳稅。經驗較豐富的董事會做相關計算，並獲取足夠繳稅的現金。

怎麼加入董事會？靠人脈

進入公司董事會的主要辦法，就是成為他們要找的人，能彌補他們不足之處，而且是他們請不起的人。要如何成為這樣的人？**你可以創辦或管理一間成功的成長型公司**，你的工作要為公司的損益負責。記住，謹慎選擇你要的產業。因為未來幾年，你將會專注於這間未來的獨角獸公司，而這也會決定你將來身為董事的方向。所以，你要進入有天然利基、有金流，還是你很感興趣的產業。當你的新創公司成長，性質類似或規模較小的公司會招募你加入他們的董事會，幫助他們實現你已實現的事。

人脈就是在此時發揮作用。大家都很忙，別人要怎麼知道你有哪些成就？所以，你必須主動維繫人脈（請參閱第二章）。你不能寄出履歷表，讓別人請你加入董事會或請你擔任顧問，就像我說的，直接聯絡你感興趣的公司在這一行是沒有用的。他們知道自己要找的是什麼。

但是，如果你不主動聯絡，公司要怎麼知道該如何找你？

你要靠人脈。別不和人打交道，還期望自己像好萊塢明日之星一樣被發崛。相反的，你要想辦法讓自己被人看到。向其他人學習，並展現出你是能在董事會裡發揮團隊精神的人，而不要把自己說得太好。重點就是人脈。

你可以成為社群媒體上的思想領袖，出席討論董事工作的會議，以及加入討論董事工作的團體。等到你進入董事會後，你就會加入美國公司董事協會（National Association of Corporate Directors），並受邀出席研討會和大會，你會在這些地方建立非常重要的人脈。這樣你就會被注意到了。

另一個進入董事會的方式，是成為新創公司的顧問。

公司會選擇要找誰加入董事，而非透過公開徵才，因此你可以利用工作經驗和人脈來獲得這種職位。舉例來說，如果一間公司正在處理法規相關的問題，而你是曾和美國證券交易管理委員會打過交道的律師，加上你認識了不少人，或你在社群媒體上分享你的知識，你就有可能因此接到公司的電話。

或者你擅長為小公司募款，而有一間公司需要建立一個募集更多資金的策略，你就可能會收到公司的邀請。當你成為某間公司的顧問時，你就可以透過自己的經歷和人脈，得到更多其他公司董事的職位。

如果你在私募股權公司、創投或重視社會活動的避險基金工作，並晉升為高階經理人或合夥人，你的工作之一就是成為投資組合公司的董事。通常私募股權和創投的初級分析師，可能會以董事觀察員的身分加入，以追蹤他們的合夥人或高階經理人。看一看任何知名創投的領英官方帳號，就會看到少說十個董事職務。不過，這是比較特殊的進入董事會方式。董事職務是公司用來保護投資的方法，雖然你不是被迫加入，因為是公司選擇他們要的人，但你也不會被視為獨立董事。

這時，可能會有兩種情形：第一種，公司可能上市，並選擇繼續留住你擔任董事，因為他們重視你的建議和人脈，就算你的創投或私募公司已經在上市時賣掉這個職務。第二種，許多投資人得到董事的經歷，後來被其他公司招募成為有募資能力及深度產業知識的獨立董事。

此外，**在這個工作還有個缺點：董事經常會被股東提告。因此，不要進入沒有把你加入董事與高階經理人保險的公司**。如果這是一間年輕的公司，且沒有這樣的保險，你可以藉這個機會在他們找你進入董事會前，建議他們買這樣的保險，讓對方看到你的價值。

雖然這樣的職務很難得到，但你也要知道，你和公司在互相面試彼此。請審慎考慮，你想要把時間花在這間公司嗎？你的董事任期經常會被延長，如果你任職不到三年或更久的時間就離開，會傳達出負面訊號，所以即使你覺得這間公司不適合你，你也很難就這樣離開。而若你找到非常適合的公司，就算職責很繁重，薪酬和工作會讓你覺得很值得。

董事會和顧問委員會哪裡不同？

雖然美國的C公司（按：一種美國法律規定的企業結構，公司的所有人（也就是股東」和公司分開課稅）需要有董事會才能開立銀行帳戶，但董事會通常只有兩個共同創辦人，而且很不正式。較大型的企業才會有比較正式的董事會。

當未上市公司收了創投的資金，這些創投就對他們的投資人負有責任，所以需要董事會來同意重要的決策，並為股東爭取利益。當公司接受有股東的外部資金（也就是估價階段）時，就對股東有責任。

在新創公司初期階段，他們首次募集資金是透過可轉換債或「未來股權簡單協議」（Simple Agreement for Future Equity，縮寫為SAFE），因為這兩種都不需要出售股權給外部股東；相反的，你所出售的是在估價階段（通常是A輪），將債券或未來股權簡單協議轉換成股權的權利。一開始會有很多工作要做，但賺不到多少錢，所以創辦人要處理公司的事務，如果成立董事會可能很麻煩，還要花很多錢。

當他們出售股權給外部股東時，他們需要董事會以確保維持對股東的責任。如果股東有自己的投資人，而且股東要對他們負責時（例如創投、私募和上市公司基金投資人），這個董事會的責任就會增加好幾倍。

另一方面，**新創公司初期比較常見的是顧問委員會。這些顧問通常是他們還沒有那麼多錢僱用的朋友或其他同事**。這些人分享他們的專長，**其中有些人可能會成**

為未來的董事。不過，這些顧問沒有受託責任，所以比較不正式。

話雖這麼說，但我建議你別加入顧問太多的公司。其中一個原因是，沒有人有空和一大堆顧問談話，這點大部分商務人士都知道。公司顧問可能只是裝模作樣，可能是公司想掩飾什麼。更糟的是，有些積極的加密貨幣專案會使用領英上別人的照片和資歷，未經他們的同意就將其列為自己公司的顧問。就算所有的顧問都是因為他們的能力而加入，但決策者太多，也代表有太多重複的職務。真正高品質的公司，只會有幾個顧問而已。

公司必須先知道你這個人，才有可能找上你。你要花點時間建立和推廣你的品牌。該怎麼做呢？

- 出席產業大會和專業人士的人脈交流活動，並加入專業組織。
- 尋找其他業界領導者的人脈，向對方展現你有為董事會服務的能力。
- 利用你目標產業的領導者經常使用的社群媒體平臺，例如：領英、X等，定期在上面分享你的想法和洞見。
- 投稿至產業期刊，以及在業界大會和研討會上演說。

這些都能確立你產業思想領袖的地位，使你成為公司尋找新董事的可能人選。**自我宣傳是一個永不結束的活動**。在你開始工作時，就要早一點開始宣傳自己，並持續維護、讓你的品牌成長。你的知名度越高，就會吸引越多公司的青睞。但要注意可能的利益衝突。如果你工作的公司，其合作對象是你想要加入的企業，利益衝突的規定可能會使你被排除在外。

當你收到多間公司的董事會邀請時，請謹慎選擇。每個董事會都不一樣，**你要看到股權有大幅上漲的機會，以及很好的商業機會。你得選擇兩者兼具的公司，因為你必須在公司待得夠久才能獲利**。舉例來說，我很喜歡生酮飲食和運動，但我不會投資這種公司或為他們工作；而我的朋友投入這個產業太深，結果後悔莫及。

我不投資和營養有關的公司，我投資的是科技公司。和飲食、運動一樣，我也很喜歡科技，而科技公司的潛在槓桿和報酬比另外兩者大得多。

在評估這些邀請時，你可以做SWOT分析。了解你可能加入的公司所具備的優勢（strength）、劣勢（weakness）、機會（opportunity），以及面對的威脅（threat），這有助於你看見可能的優缺點，以及決定報酬是否值得你投入。

進入一間公司的董事會時，你的工作才剛開始而已。先花點時間認識董事會的互動往來，了解公司文化和其他董事，他們在董事會的時間比你還久，可能比你更了解這間公司。請在董事會找一個人指導你，幫助你了解你的職務、告訴你不懂的知識，並針對你的工作表現給你意見回饋。

在你第一次出席董事會議前，要徹底了解這間公司。熟悉公司的業務模式、財務資訊、策略以及高階經理人。在董事會前幾週就先和公司主要業務單位的經理人會面，向對方提出問題。做好完全的準備，了解公司的一切及所有數字後，再出席董事會，這樣你才能為公司的策略、方向和決策帶來價值。

一段時間後，當你熟悉你的職務，就能協助引導公司更上一層樓。

加入就很難離開，請務必想清楚

如果你是在私募或創投工作，而成為某間公司的董事，那麼董事會這個職業生涯有可能不適合你，或你必須忍耐董事會的工作，才能把這件事做好。

董事必須開很多會議，很容易就讓人覺得很氣餒，你可能會想：我進這一行是為了當個企業家，同時賺很多錢，不是為了開一大堆會。不過，董事工作是有階段的，不是所有工作都很有趣，但計算了風險和報酬後，可能還是會吸引你。

你可能會覺得自己很喜歡某些規模的公司（例如：未上市的高成長性公司，或較穩定的上市公司）。舉例來說，規模較小的公司比較可能倒閉，而谷歌或微軟則不會；但小公司也比較靈活，所以比起規模大的公司更能嘗試新事物。

董事會成員並不會總是一致同意採取某個行動，其他董事可能在重大議題上反對你，但你的職責是支持最後的決定。一旦表決完成、決策確定後，董事會就必須口徑一致。這樣能讓股東、公司的經營團隊以及相關人士對公司有信心。

表決時被反對可能會讓人感到很洩氣，尤其是你有熱情的事，要支持你反對的事更會讓你覺得是在傷口上灑鹽。在這種情況下，你一定要冷靜沉著。

如果意見衝突加劇怎麼辦？

若你是獨立董事，你可以問自己：我不喜歡的是擔任這間公司的董事，或不喜歡董事這個職務？有時是環境充滿惡意，而你必須離開才不會失去理智——再多的錢也不值得；但有時是因為你對這個產業或這間公司沒有興趣，或你認為公司所做的事違反你的道德良知。

但是，請注意：**提早離開董事會對公司來說是負面訊號，未來別的公司可能會**

懷疑邀請你加入董事會是不是個好決定。你可不希望別人認為你是個一遇到困難就腳底抹油的人。任何工作都一樣，你是個可靠的人很重要，擔任董事更是如此。不要讓你的人脈對你失望。

若要避免這種事，你需要知道公司的情況後，再加入董事會。事先做研究是最重要的事。當一間公司找你進入董事會，你要盡你所能先了解它的文化、環境和重要人員。如果可以，早一點發現警訊並避開惡毒的人和環境，這樣才不會後悔。

真希望我早一點以董事職位為目標

真希望我很早就以未上市公司的董事為目標。有經驗的科技公司董事可以領到數百萬美元的簽約金、加入多個董事會，並影響國家創新引擎的策略。真希望我二十幾歲時就開始想自己需要哪些特質、打造職業生涯，以利我進入想要的董事會。

讓我來幫你省幾年辛苦的工作吧。以下是三個讓你成為董事會成員最輕鬆、不費力的途徑。

第一條路是**以投資銀行的初級職員工作來證明自己**。工作兩、三年後，你應該到**私募股權擔任職員**，**接著成為高階經理人**。這時，你會擔任投資組合的公司董事，並獲得相關的經驗。在你的主要領域，尋找熱門獨角獸公司財務長、（資訊）安全長，或併購長之類的工作，這樣你就能輕鬆成為其他熱門獨角獸公司的董事。

或者，你不要進私募股權公司，而是**進入創投**。**在成為創投的高階經理人後**，**你會以代表創投的身分**，**成為投資組合中多間公司的董事**。如果你還想要，可以成為其他熱門獨角獸的獨立董事。

第二條路是**管理顧問公司**，**工作三年**，**然後進入創投或私募股權**，在公司裡晉升。當你成為公司的高階經理人時，你就可以遵循上面私募或創投的路。

第三條路是**成為新創公司的創辦人或擔任重要的職位**。首先，吸引創投公司的投資。你可以像馬克·安德里森一樣，他成立網景並上市後，在成立安德瑞森霍洛威茲時加入創投行列。接著，你要成為創投的高階經理人或合夥人。接下來管理你自己的基金，可以是合夥人或創辦人。代表創投公司擔任董事，會為你開啟進入其他公司董事會的機會。然後你可以成為獨立董事，或是多間公司的創辦人。當你證明了自己能讓多間公司從零壯大成營收數百萬的企業時，就會有很多公司的邀約。

選擇一個最適合你背景、資歷和性情的公司。你走的每一步，都能得到重要的技能和人脈。你會接觸到內部人員和董事對商務、財務和投資策略的觀點。你會認識許多人，從創辦人、公司高階經理人到其他公司的董事。一步一步來，你就能建立很好的基礎，輕鬆賺取高額財富。

企業董事的致富之路

1	投資銀行（2-3 年）→私募股權（向上晉升）→高階經理人→投資組合的公司董事
	創投→高階經理人→成為投資組合的公司董事
2	管理顧問公司（3 年）→創投或私募股權（向上晉升）→高階經理人→投資組合的公司董事
3	新創公司創辦人／擔任要職→高階經理人或合夥人→管理基金→擔任創投董事／多間公司創辦人

| 第 10 章 |

高槓桿事業金字塔

剛開始學騎馬時，我就像海綿一樣吸收所有資訊。當我吸收足夠的知識，知道如何訓練馬匹後，我能看出哪裡出了錯，以及該如何修正，接著我就有了新的問題。

我騎上馬背後感覺到上百個問題。這一團混亂令我倉惶失措，一開始我不知道該如何解決問題。有時，我會覺得不知道問題在哪裡，或只注意到一個問題、只解決一個問題。

所以，我學會問自己這個問題：**解決哪一個問題，會讓整件事變得更輕鬆？**雖然八〇%的結果可能是由二〇%的努力所決定，但在做決定時，八二法則並不是實用的方法。

我相信創業家蓋瑞・凱勒（Gary Keller）在《成功，從聚焦一件事開始》（*The ONE Thing*，與企業培訓師傑伊・巴帕森〔Jay Papasan〕合著）中描繪的概念，這本書教導我們：專注於一件事，使其他問題變得不重要或變得簡單。

這和我透過馬術所學到的事一樣。我是美國二〇〇三年大獎賽（Grand Prix）等級的業餘冠軍，二〇〇五年美國世界盃比賽排名第九，以及世界排名前一百大（二〇〇四年），這是我還在華爾街工作時的成就。我必須學會解決一個關鍵的問題，使其他問題變得相對輕鬆，才能實現這些排名。

學習馬術多年後，我可以感覺到哪裡出了錯。問題有時非常多，我不知道該如何找到關鍵問題。同樣的問題也適用於找出通往巨額財富的事業道路，有太多選項、太多選擇，且接下來要做的事也太多。

再回來談馬術。德國有個以金字塔圖形顯示的訓練量表（請見下圖），能幫助騎師評估問題，並按照重要性由低而高排列。從底部開始，一次一層往上評估。

你不能直接開始訓練馬匹的動作，更不用說花俏的技巧，例

馬術訓練量表

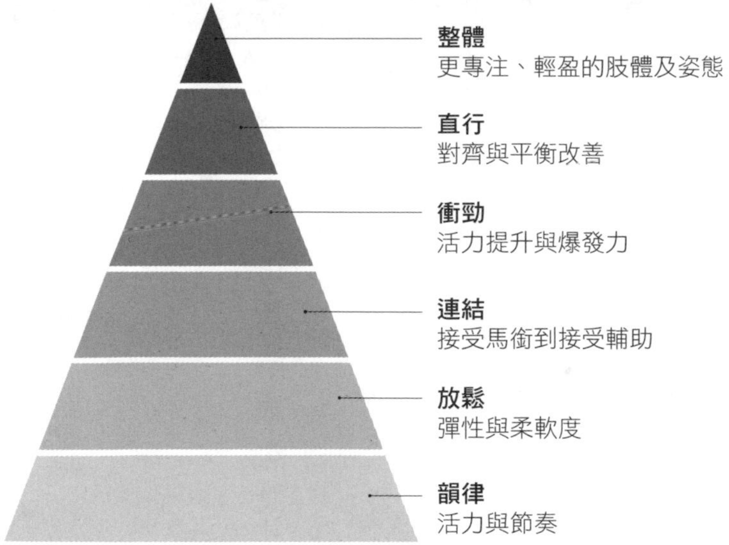

如飛快換腳，除非你已經有韻律和放鬆的基礎了。

我把相同的概念圖稍加調整後，用於追求高槓桿（輕鬆賺進財富）的事業。

高槓桿事業的五層金字塔

高槓桿事業的金字塔有五層，正如訓練馬匹的模型一樣，也是從下到上的設計（請見左頁圖）：

一、健康

不論在任何方面，你的健康都是金字塔的基礎（請參閱第二章）。健康包括你的飲食、如何照顧身體、有沒有時間和朋友往來等。如果你沒有健康的基礎，就無法建立蓬勃發展的事業。

追求兩個很棒的目標，這樣的衝突就是很健康的平衡。例如：目標是事業及業餘運動的成就，你就要在這兩者之間取得平衡。放慢腳步沒關係，重點是要取得你需要的東西，以維持你一生的動能。

●體能

關鍵在於**尋找能讓你長期投入的活動**。否則的話，你不會維持下去。在你每日的活動中加入祕密運動。此外，你可以試著在住家附近慢跑。若有疑慮，和你的醫生討論，但你能做的很可能比你想像還要多。

●營養

減少不當的飲食，例如糖和加工食品，並盡可能改吃原型食物。另外，也可以吃健康食品補充額外的營養。

●人際關係

人際關係的祕訣在於一次一點、給予對方一〇〇%的關愛，這些短暫時刻會累積起來。交談時，沉默讓你更能親

高槓桿事業金字塔

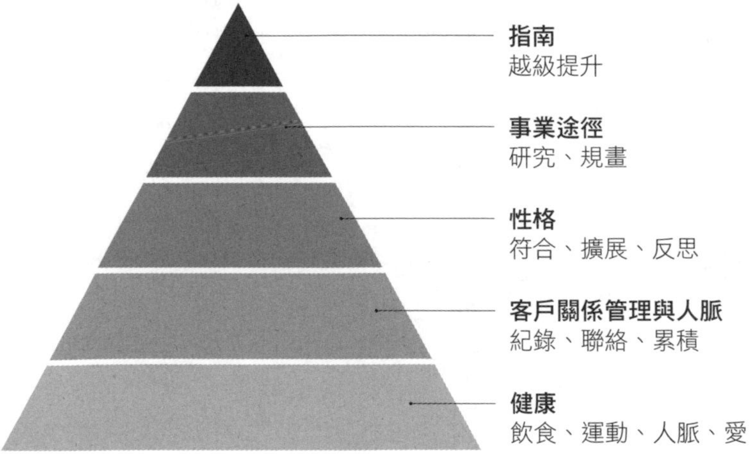

近對方。你可以問問自己：「我為什麼在說話？」練習暫停，並讓對方把話說完，以及提出能讓對方多談一點的問題。

●**人脈**

請人幫忙時，向對方提出明確要求，而不只是概括性的幫忙。此外，計算會面的時間，和對方相處時把對方當成宇宙的中心。找出你能為對方提供的價值，就算無法馬上看出來也要練習。

當你的基礎穩健後，你就可以升到第二層。

二、你的個人客戶關係管理

你的人際關係管理方案（請參閱第二章），是你讓機會找上你，並做好準備的方法。選擇適合你的方式，追蹤你在各個場合認識的每一個人。方法如下：

- 定期擴展你的人脈。
- 設定行事曆，提醒自己聯絡和親近對方。
- 在你決定後續要和誰聯絡，以及需要的資源時，要記住你的目標。

●制訂建立人脈的行動方案。

●有禮貌、專業，直接說出你的問題，並保持好奇心。即使你已經累了，也要接受有展望的機會（我人生中有許多大好機會，都是一整天下來的最後一次會面）。

●問問自己：「我的本性是什麼？我想成為什麼樣的人？這兩者有什麼不同？」然後**成為你想要成為的那種朋友、專業人脈，以及可靠的同事**。

注意你的本性，這就是你天生的性格。雖然你可以慢慢改變它，但也必須注意自己的核心，過度脫離核心本性會對你造成壓力。

你在客戶關係管理程序中所選擇的人，能幫助你建立第三層。

三、性格

判斷哪些事業最符合你的性格，你的本性一定會比較傾向於某種類型的事業。

問問自己以下這些問題：

●什麼事會令我感到興奮？

- 我最喜歡做什麼事？
- 我能定期承受高壓力的環境嗎？
- 我能忍受工作中多少改變？
- 我想做這個工作多久？

如果你選擇的是你很感興趣的事業，努力且聰明的工作就不會讓你覺得那麼累。找到能讓你做熱愛事情的工作、研究你需要哪些技能才能做得好，再運用你的健康和個人客戶關係管理系統，幫助你習得這些技能與獲得這些職位，這樣就能帶你走上你的事業途徑。

四、事業途徑

我們討論過的五個事業途徑（創投、私募股權、避險基金、創辦人／高階經理人和企業董事）中，你要追求至少其中兩種。研究這些事業途徑，有助於你了解未來可能發生的事、該去哪裡找機會，以及該建立什麼樣的人際關係才能達到目標。

這個層級是以之前三個層級為基礎：健康、個人客戶關係管理和性格，這能幫助你判斷哪些途徑最適合你。研究這些途徑，並選擇最適合你情況、目標和個性的那一個。

若要達到你的目的，你還需要第五層。

五、指南（地圖和捷徑）

了解你的目的地才不會後悔，請善用指南找到路線與捷徑。

第一，選擇符合你性格的高槓桿職務。

第二，任何一個高槓桿的職務，都必須在高槓桿的產業中。

第三，你要在景氣週期對的時機進場。時機就是一切！

打造詳細的事業目的地路線圖，檢視你內心的方向、確保你在對的路徑上，並根據這個方向抄捷徑，在關鍵時刻走更好的路。提醒並獎勵自己注意到可能的財富匝道。

第一步就是留意，放慢腳步是確保你不會錯過輕鬆創造財富機會的關鍵。有了路線圖，還要願意使用指南，你才會注意捷徑，幫助你走更輕鬆的路。

運用指南來尋找捷徑的方式如下：

第一，換工作。在你換下一個工作前，先暫停一下，看看你在路線圖的哪裡，以及是否有任何更快的路徑。

第二，注意你的人脈。如果他們都開始談論某件事（以我的例子來說，就是二〇一七年的 Web3，以及二〇〇八年的特斯拉股票），請放慢腳步，馬上研究。

第三，注意大趨勢。我的事業都和科技大趨勢有關，例如網路、行動電話和 Web3。每當新的趨勢出現時，沒有人具備相關經驗，所以這是最佳的進場時機。你可以把新趨勢的出現，設定為轉換跑道的契機。

這個金字塔會引導你準備好展開這段旅程，並在你開始後協助你解決障礙。你可以把這當成路線圖和評量的工具，我們接下來將討論這一點。

藉由金字塔，逐步向上攀升

若要使用金字塔作為路線圖，就要一次打造一層，先從底層開始逐步往上累積。若要把這個當成評量工具，你要先研究自己的情況，同樣也要從金字塔底部開始，直到你找到問題的根源。

以下這個範例是使用金字塔提出對的問題，讓你回到追求目標的正軌。

我曾經管理全球排名第一的基金。我職場上非常痛苦，但外人看來覺得我的成就很傲人。事實上，我座位對面的人每天都會辱罵我。辦公室是開放式格局，每個人都會聽到他對我大吼，這真的非常羞辱人。他得不到我的工作，就把氣出在我的頭上。我下班後回到家都會落淚。我想辭職，但我沒有。

我評估高槓桿的事業金字塔。回到最基礎，再跨出一步，並問自己：

「我的目標是什麼？」（在頂尖避險基金工作。）

「這個工作符合我的目標嗎？」（是。）

「在不對的時間被逼著離開這份工作，符合我的目標嗎？」（否。）

這樣一來，我就能說：「我想要在頂尖的避險基金工作，這份工作能讓我實現目標。這個人不能決定我何時離開這份工作，而是由我來決定，這樣我才得到最好的機會——在頂尖避險基金工作。」

於是我辦到了，我繼續待在那個令我痛苦、卻是好機會的工作，因為高槓桿事業金字塔改變了我對痛苦的感受。

很多人都知道自己在正確的事業道路上，卻不高興、被壓力擊垮、充滿不確定感。請後退一步，並檢視這個金字塔，它能幫助你提出問題，讓你了解是哪裡出了問題、做出調整，並繼續留在這條路上。

如果人生和工作不順利，就是有事情出錯了。先從金字塔最底層開始檢視，問自己和那一層有關的問題。如果那一層的一切看起來很好，就往上移動，直到你找到原因為止。

你也可以辦得到

本書所列的原則，並不局限於金融和投資界。當你繼續這段旅程，你可能會發覺：這在醫療、營養和我的事業領域並不夠。如果你遇到問題，我想邀請你一步步探索接下來需要做的事，請瀏覽：courses.emmysobieski.com。

課程的主題包括調整你的營養、最佳化高風險決策、事業人脈拓展、尋找通往財富的快速道路，以及其他主題。

記住，各行各業的任何人都可以遵循這些步驟。

我非常相信我的學生和年輕的專業人士，到後來他們也開始相信自己。我的學員從原本的藍領工作，不到三十歲就管理數十億美元的資產；原本只就讀一般社區大學，最終二十九歲就達成財富目標並退休；從移民家庭成長，到《富比士》「三十位三十歲以下菁英人士榜」。如果你有計畫，並遵循這些步驟，你也能實現相同的目標。

你能學會這個方法，且採取行動。這套方法不是只給有人脈、有特權、在富裕的漢普頓（Hamptons，位於紐約長島東端的海濱度假勝地）打網球長大的年輕人，而是給知道自己想要什麼，且願意認真工作、認清目標、評估挫折、調整路線以繼續前進，並注意財富高速公路匝道的人。

我一再看到我的學員實現這樣的成功，而我相信你也辦得到。

Think 267

開上財富的高速公路

五種職位能使你快速累積財富、先有很大一桶金，展開你的複利人生，長年賺取被動收入。

作　　者／艾美・索別斯基（Emmy Sobieski）
譯　　者／呂佩憶
責任編輯／連珮祺
校對編輯／李芊芊
美術編輯／林彥君
副 主 編／馬祥芬
副總編輯／顏惠君
總 編 輯／吳依瑋
發 行 人／徐仲秋
會計助理／李秀娟
會　　計／許鳳雪
版權主任／劉宗德
版權經理／郝麗珍
行銷企劃／徐千晴
業務專員／馬絮盈、留婉茹、邱宜婷
業務經理／林裕安
總 經 理／陳絜吾

國家圖書館出版品預行編目（CIP）資料

開上財富的高速公路：五種職位能使你快速累積財富、先有很大一桶金，展開你的複利人生，長年賺取被動收入。／艾美・索別斯基（Emmy Sobieski）著；呂佩憶譯. -- 初版. -- 臺北市：大是文化有限公司，2023.11
336 面；14.8×21 公分. --（Think；267）
ISBN 978-626-7377-02-4（平裝）

1. CST：就業　2. CST：成功法　3. CST：財富

542.77　　112014579

出 版 者／大是文化有限公司
臺北市 100 衡陽路 7 號 8 樓
編輯部電話：（02）23757911
購書相關諮詢請洽：（02）23757911 分機 122
24 小時讀者服務傳真：（02）23756999
讀者服務 E-mail：dscsms28@gmail.com
郵政劃撥帳號：19983366　戶名：大是文化有限公司

法律顧問／永然聯合法律事務所
香港發行／豐達出版發行有限公司 Rich Publishing & Distribution Ltd
地址：香港柴灣永泰道 70 號柴灣工業城第 2 期 1805 室
Unit 1805, Ph.2, Chai Wan Ind City, 70 Wing Tai Rd, Chai Wan, Hong Kong
電話：21726513　傳真：21724355
E-mail：cary@subseasy.com.hk

封面設計／林雯瑛　內頁排版／王信中
印　　刷／緯峰印刷股份有限公司

出版日期／ 2023 年 11 月　初版
定　　價／新臺幣 420 元（缺頁或裝訂錯誤的書，請寄回更換）
I S B N ／ 978-626-7377-02-4
電子書 ISBN ／ 9786267377048（PDF）
9786267377031（EPUB）